操控與反操控

德國法律人都在使用的日常修辭邏輯與誤謬偵知法

SCHWARZE RHETORIK

MANIPULIERE, BEVOR DU MANIPULIERT WIRST !

賈誠柯
Wladislaw Jachtchenko —————— 著

廖芳婕 —————— 譯

目錄

2 招數二：語言圈套 194

3 招數三：謬誤 242

好男人永遠排最後。誠實的人永遠都是笨蛋。

前言

當好人的時代已經過去了

一個希望在各方面都以善行自持的人，一定會在眾多不善之人中自取滅亡。

——馬基維利

每當壞人使出陰暗、不光明正大的招數，好人通常會敗在他們手中。從今天起，讓我們終結這種情況！是時候放下你的好教養了，現在換你滿足自己的需求和願望了。每個人都在有意無意地操控我們，因此讓我們在被操控之前，先操控別人！

情況很清楚：在這個弱肉強食的社會裡，成功的人未必真的有能力，他只是「看起來很有能力」，並且靈巧地操弄身旁的人。

這種人，並不單指另類事實之父、人身攻擊之王，前美國總統川普。我們每天的生活中充滿了惡意的話語及行為、破綻百出的讚美恭維、權力遊戲、格言論證。而只有聰明的人，才能出奇制勝！

在這本書裡，你將學到如何巧妙地在這個世界上堅持自己的立場，自私地滿足自己的願望——不管是在職場或私人的生活領域。

接下來你馬上會明白，為什麼你自己天生就是個操控者。然後，書中會解析十項可應用在日常生活中的操控法，若想在這個充滿操控的世界上成功，這十項能力你一定要掌握。接著我會描述暗黑說話術的三大詭計，它們是操控法的細微之處，且能補充十大操控法的不足，讓你使用起來更加細緻，並且無論身處什麼情況，都有更完善的工具可以選用。最後，我會詳細探討上述的操控行為是否符合道德，以及不同操控法具備的不同道德性。

你不一定要按照篇章順序閱讀本書，可以跳到最感興趣的章節直接閱讀。

開場白到此結束。我們開始吧！

序論

你每天都在操控別人

如果人讓自己成爲一條蟲，
就不要抱怨別人總是踩在牠身上行走。

——康德

從出生的那一刻起，你就開始在操控身邊的人了。每天。而你身邊的人也在操控你。也是每天。問題是，誰操控得比較成功？誰能達到目的？誰又被踩在腳下？

現在你可能還不相信我說的，也就是身而為人的你，天生就是操控者；為了滿足自身利益，從生到死，每天都不斷操控他人。但我只要用日常例子就能證明給你看：

- 嬰兒時期的我們會哭鬧到父母給予我們飲食與注意力為止。如果他們沒反應，我們就哭得更大聲，直到他們放棄抵抗，滿足我們的需求。
- 長大一點，身為小孩，我們會在超市收銀台旁的貨架前大哭大鬧，直到我們得到喜歡的東西為止。聖誕節快到了，為了能在聖誕樹下找到想要的禮物，又會表現得特別乖巧。
- 當學生時，我們會在考試時作弊，大考前肚子痛請假，沒寫功課就亂編一個理由給老師。
- 青少年時期，我們穿著有型，舉止酷炫，希望博得心儀對象的好感。
- 身為社會新鮮人，我們會把履歷寫得很漂亮，在面試時說自己「積極進取」、「有團隊精神」、「能吃苦耐勞」——雖然成為正式員工後，每天上班就是看時鐘，想著到底什麼時候可以下班。
- 若我們需要從同事那裡得到什麼的時候，態度會變得特別友善。
- 升格當了爸媽，為了擁有一點自己的寧靜時間，我們會把小孩送去奶奶家，但跟小孩說的理由卻是「奶奶很想念孫子，所以應該去看看她」。

- 成為主管，我們告訴下屬：「你是唯一能讓我放心託付這項重要任務的人。」這位下屬怎麼還有辦法拒絕呢？
- 最後我們成為了爺爺奶奶，於是不斷用禮物收買孫子，製造他們的愧疚感，好讓他們常來看看我們。

以上是日常生活中，不同人生階段的操控手法，而且這份清單可以無止盡延伸！因此，若我們只把操控聯想到政客、保險代理人和汽車業務，那是不對的。上述清單可以看出，我們在日常生活中也很會操控人心。有些人做得比較多，有些人比較少。有時候有意識，大多數時候無意識。有時候做得很成功，有時候沒那麼成功。但我們每個人每一天都在操控。

有趣的是，那些我們完全沒料到會使用操控手段來對付我們的人，反而是危險所在：家人、朋友和認識的人。更別提友好的同事、主管和生意上的合作夥伴，沒有一個人沒在操控別人！

因此，問題並不是「我們是否有在操控別人」，而是「我們多會操控別人」，以及是否藉此達到目的。唯一確定的是：掌握重要操控技巧之人，就掌握了勝利；不知道的人，就一無所有！

操控是不道德的嗎？

操控他人應該受到道德上的譴責嗎？大多數人（包含撰寫有關操控技巧書籍的作者）都滿足於一個簡略的答案：「是！操控他人是不道德的！操控技巧只應該用於自衛。」

然而這個問題並沒有那麼簡單。首先我們必須要定義何謂「操控」。以下定義應該足夠：**操控是為了滿足自身利益而暗地左右他人。**

「操控」這個概念，跟「使某人信服」（透過清楚合理的理由公開影響他人思想）和「說服某人」（透過急切的勸說公開影響他人思想），是三件不一樣的事情。

大多數人認為，「使人信服」是左右他人最好的方式，因為誠實又理性。「說服」則帶有不理性、糾纏不停的負面意味。說服的意思是，讓一個人去做一件他原本完全不想做的事。但至少說服的過程是相對透明的。

以上三種概念裡，操控的名聲最差，而且還差非常多。我認為這是不對的。我馬上會進行說明。

認為「操控」是不道德的人，最常提出的理由就是，絕大部分的操控都是暗地進行的。意即利用天真、無設防的「受害者」的無知，不光明正大地給他一擊。

然而僅因為某些事是暗地進行的（在對方不知情的情況下），未必表示該事不道德。例如鄰居家前院發生小火災，我幫他把火撲滅了，他剛好不在家，完全沒發現這件事。我的行為很明顯不應該受到譴責，對吧？所以啊。

即使一個人為了自身利益去做某件事，也未必就不道德。因為我的利己行為可能完全不會對其他人造成任何影響（情況一：我獲益，對方未獲益，或無損害），或者我自己與對方都可能從中得到某些東西（情況二：我獲益，對方也獲益，但對方並未發現我的操控手段）。

只有當一個人為了自身利益做出某個操控行為，且過程中因故意或過失，使他人受有損害，這時的操控才是不道德的。因此要看是哪種形式的操控，還有在具體的個別情況裡出現的不道德行為是否能被接受、能被接受到哪個程度（本書最後一個部份將更深入探討這個問題）。

超完美操控術

並沒有一個所謂最佳效用的操控技巧。每個人對不同技巧的反應都不一樣。在某些人身上，專業的肢體語言較為有效，能迷惑他們；另一些人則對於喚起同情心的論點完全沒有抵抗力；還有一種人很容易落入「另類事實」或讚美恭維的陷阱等等。

操控技術好的人會先尋找對手的致命弱點，也會很快發現那個弱點在哪裡。如同我們知道的，人皆有弱點，你只需要把它找出來。

有件事你不能忘：一旦涉及利益，每次談話都會是一場言辭棋局，若下得好，就能讓對方輸輸輸。

讀到這裡，也許你想提出反對意見：「但我不想操控別人啊！我想用好的論證說服別人。」對此，我有兩點回答。

第一，每一場討論，就算擁有優質論證為依據，它也帶有競賽的特質。哲學家尤爾根・哈伯瑪斯（J. Habermas）會說「在無強制的強制性下，可得到較佳的論證」不是沒有道理。然而人並不喜歡被征服，所以通常會自動站到你的對立面。或者用叔本華的觀點來說：人類與生俱來的虛榮心特別容易受到刺激，它不希望看到別人是對的，因此，以論證為依據的競賽，結局不太可能是「你說的沒錯！」反而更常出現沒人想讓步的僵局。相較之下，操控就實用多了，因為別人完全不會發現你巧妙的手法，又因為他不知道自己正在被影響，也就不會進行防衛。

第二，相較於論證，操控別人的優點則很容易運用。在提出論證的過程中，可能會犯很多錯：前提錯了、定義不周延、推論不對；而且講的內容越長，就給予對手更多攻擊點。因此，德國總理梅克爾以及其他大部分政治人物都只給簡短的陳述，而不是一個接一個的冗長論證。

相對來說，操控的效果更為直接，訓練一下很快就能上手，而且因為操控者是來陰的，相對也保護他不會受到對手的攻擊。因此，「操控」以二比零的比數輕鬆擊敗「論證」。

第一部

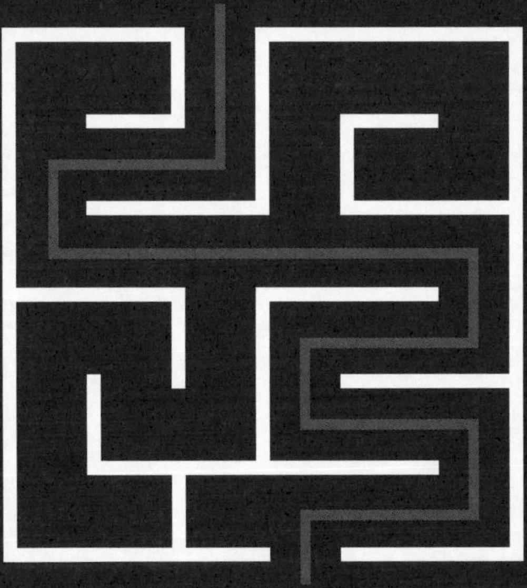

防衛日常生活
10大言辭操控法

話術比較誠實，因爲它承認目的是蒙騙別人。

——尼采

每個人都不停在操控、欺騙他人，所以呢，我們精進自己的操控技巧，也就是合情合理的事。接下來你會看到十項最重要、必須熟練的技巧，可以讓你在職場或私人生活中達到自己的目的。

十大操控法

1. 在一無所知的情況下安全對話
2. 用良好形象迷惑他人
3. 迅速建立別人對你的好感
4. 巧妙地說謊

5. 讓別人不得不答應
6. 用問題引導對話
7. 用情緒控制他人
8. 攻擊對手的說話內容，讓他無力抵抗
9. 攻擊對手本人，讓他啞口無言
10. 迅速結束不愉快的討論

到現在，如果你依然堅持自己不會去操控身邊的人，你還是必須瞭解這十大操控法，以便迅速看破他人的手段，免得自己落入圈套。

1

在一無所知的情況下安全對話

知識就是力量。

你什麼都不知道？那也不會怎麼樣！

——佚名

我們身處於知識社會。頭腦裡有東西的人會嚐到甜頭，腦袋空空的人則會吃到苦頭：在學校時成績不好，出社會後升遷機會少。

知識當然不是成功的唯一因素，卻是重要因素。若你對於某個議題一點概念也沒有的這個事實，被旁人知道的話，那些表面上對你很好、但內心在嫉妒你的同事就在等待這個機會，馬上出手捅你一刀。

大多數人都很害怕這類尷尬的情況以及伴隨而來的赤裸感受，會想盡量避開。此時你必須鍛鍊一種特異的能力：在一無所知的情況下安全登場進行對話。更準確地說，這是一種「彌補無能」的能力，也就是「運用特定技巧掩飾無知」的能力，更簡單說就是「讓他人以為你有某方面知識」的能力。

無論在生活中遇到什麼陌生情況，只要知道以下七大技能，都可以巧妙駕馭。但在介紹這七種技能之前，先有個重要的提醒：不管你要說什麼，只要搭配專業的肢體語言和語調，每個人厲害程度立刻升級。不知道某件事情的時候，未受過訓練的人會避免跟對方有眼神上的接觸，遲遲不回答問題，開口之後又會說得很急促。他不安的態度已經在非言語層面上透露出他的無知。

有經驗的老手就不一樣了。即使對某個主題一無所知，還是完全掌控著自己的肢體語言，特別是

- 維持與對方的眼神接觸
- 回答時搭配適當手勢

- 抬頭挺胸面向對方

然而自信的肢體語言並不是全部。他還會仔細留意自己的聲音聽起來是否具有說服力，特別是

- 音量清楚大聲
- 寧可慢一點也不要太快
- 在適當時機停頓
- 不顛三倒四、語無倫次

專業的肢體語言和語調是「在一無所知情況下安全對話」的必要基礎。還沒掌握到的人，一定要訓練！

現在就來看我的七大技巧吧！

技巧 1 抽象化

如果你一時不知道某個問題的答案，抽象化是一個不會引起注意、並且能讓人覺得你很聰明的技巧。

假設某個人突然問你：「你對於波隆納改革有什麼評價？」此時你不知道波隆納改革指的是一九九九年通過的歐洲高等教育體系整合計畫（特別是引進學士到碩士系統以及歐洲學分互認體系ECTS-European Credit Transfer System作為成績證明）。

這時候，你可以用的技巧就是「實問虛答」，完全不要談波隆納改革本身，而是抽象地探討「改革」這個主題：「一般來說，在評價政策改革的時候，受影響者的意見更為重要。千萬別去問政治人物，他們不管怎樣都會替自己當時的決定辯護。受此改革影響的人看法則是分歧的。」

你一個字都沒談到波隆納改革，但聽起來還是很厲害！[1]

再舉一例，若有人問：「你覺得荀白克的十二音音樂怎麼樣？」若你對荀白克樂派的十二音音樂一無所知，該怎麼辦呢？同樣不要具體針對問題回答，而是概括討論音樂和音樂的評價。

你的回答可以是：「眾所皆知，品味這個東西是見仁見智，每個人對音樂的喜好當然也絕對各不相同，像我個人是偏好搖滾爵士樂。」

你依舊沒有談論到問題本身，只有提出別人無法攻擊的概括性見解。抽象化的方法就是，從問題裡抓出一個你熟悉的概念，然後用概括性的內容繼續談下去。

技巧 2 漂走

另一個不會引起注意、連政治人物也喜歡一用再用的方法是慢慢從原本的問題漂開，轉向你熟悉的話題。

再以上面那個情況為例：「你對於波隆納改革有什麼評價？」你不知道這是什麼。現在你可以怎樣巧妙地轉移呢？非常簡單，你劈頭就說：「相較之下，接下來這個問題重要得多……」接著你就開始談另一個完全不同的話題。

具體的說詞可以像這樣：「相較之下，接下來這個問題重要得多：我們今天不能聊聊更必要一點的事情嗎？比如說政治總是圖利有錢人這件事。」當然你可以另選一個稍微淺一點的話題，不用討論財富重新分配。如果情況許可，討論私人的事情也很好。大部分人似乎完全不會注意到這個手法，就算有發現，基本上也會接受。這實在有點不可思議。

如果對方是你認識的人，那麼新話題就應該要選一個跟他有關的。假設他真的很喜歡你們的一個共同朋友施特菲，那麼你的反應可以是：「相較之下，施特菲過得怎麼樣的這個問題重要得多吧，我已經很久沒看到她了。」

十九世紀的英語把這個把轉移注意力的技巧稱作紅鯡魚（red herring）。據說監獄逃犯為了混淆警犬的嗅覺、躲避追緝，會在逃跑路線附近放置煙燻過後味道濃重的紅鯡魚，藉此順利逃脫。若有他人想把你的注意力轉移到另一件事情上，你就可以反擊：「現在的紅鯡魚是怎樣？」對方可能一開始會聽不懂，問你那句話是什麼意思，此時你就能心平氣和地跟他解釋，請他不要模糊焦點……

技巧 3 斷然拒絕

斷然拒絕是攻擊型態的漂走。無論是不舒服的問題或對方的言論，都可以用這種方式擋掉。例如某人問：「你認為我們部門哪裡可以做得更好？」而你完全不知道該說什麼，你就回這句：「這個問題大錯特錯！重點完全不在我們哪裡可以做得更好，而是管理階層可以做出哪些更好的決策！」

這個技巧會讓人想到漂走，但這裡並不是把注意力從一個話題轉移到另一個，而是把問題從實質內容層面轉移到情緒層面。

雖然我們在學校裡和修辭課上學到的都是要講求事實，但如果真的很想把某人的注意力從我們的缺點轉移開，藉由強烈的情緒一般都會成功。因此，若你想混淆對方，可以大聲、憤怒地把沒有實質意義的這句「這個問題大錯特錯！」說出來，迫使對方轉成防守角色——換你重新占上風。

技巧 4 認同與稱讚

跟「斷然拒絕」技巧狡猾程度不相上下的，就是認同與稱讚。人很願意接受諂媚，被讚美後心中頓時湧現滿足感，使他因此受到迷惑，然後就忘了我們完全沒對主題發表什麼意見。

諸如「你分析得很好耶！」或「很有趣的理由！我還沒有從這個角度分析過！」的句子會讓對方感覺輕飄飄的。這類強化信心的言語會激勵對方針對該主題發表更多言論，變成都是他自己在說話。

萬一最後他還是問了我們的意見，我們可以欣然同意他的說法——然後馬上提起另一個我們比較了解的話題。

技巧 5 第三人論點

這算是最簡單的一種技能，只要隨便提出一個說法，然後說你是從另一個地方得知的。例如：「不久前我在紐約時報上看到……」這個技巧對我們有兩個好處。第一，它會讓對方覺得我們博學多聞。第二，讓我們免於對方的攻擊，因為那個說法並不是我說的。就算對方對主題更瞭解，並且用實質論證反駁我們，但這也只是證明了他的學識，讓他自我感覺良好——但沒有對我們造成實質上的不利。

技巧 6 反問

透過反客為主技巧，同樣可以安全登場。最簡單的反問句是：「你對這個主題有什麼想法？」幾乎沒有人會覺得你是因為對主題一無所知才這樣說，除非你一再使用這個方法。

一般來說，跟傾聽他人說話比起來，人更喜歡自己說話。我已經多次在跟別人對話的過程中，我講的話感覺起來少於百分之二十，然後對方到最後還很開心地總結說：「這場會議太棒了！跟你交流真的很好玩！」

也可以詢問動機，這樣使你帶有更強大的攻擊性：「為什麼你想知道這個？」或者「你問這個問題的目的是什麼?」

你已設定對方懷藏著某個隱藏的動機,此時他通常會接著說明理由,在這過程中,他會自己透露出更多關於主題的訊息,你就可以採用在你的回答裡。

技巧 7 假扮哲學家

一般來說,若你對所有事都表現出懷疑的態度,不加以具體說明,且指出同樣一件事情有很多不同的觀察角度,這樣也會讓他人覺得你很聰明。而且,最好再加一句厲害的古人名言佳句——如果你有想到適合的。

假設有人問:「你認為毒品是否該合法化?你的意見如何?」但這個議題你完全不瞭解,可是你還是想發表一篇聰明的言論,那你的答案就可以是:「我對這個議題抱持懷疑態度。每個研究的結果都不相同。到頭來,如果統計數據不是我自己偽造的,我就都不相信。」結束後,你再露出有點自負的微笑。

這個答案你可以一字不改地照用,百分之九十九的情況都適用。當然你也可以想一套你自己的說詞。總之，最重要的是，你講的東西要有概括性，不讓別人有攻擊的空間。

以上就是我針對「在一無所知情況下安全對話」主題提供的七大技巧。從現在開始，就算你對主題一無所知，但你再也不會無話可說了。而且你也學會了要怎麼有效利用不存在的內容迷惑他人。

下一章的主題是，要如何用良好形象達到同樣的效果。

2

用良好形象迷惑他人

肢體語言占55%，聲音語調占38%，說話內容占7%。

——心理學家麥拉賓（A.Mehrabian）

良好的形象有多重要呢？針對這個問題，全世界許多修辭訓練師常引用美國心理學家麥拉賓的話，以及他一九六〇年代的兩篇研究，[2]即說話內容只占百分之七，而聲音語調和肢體語言則占了整整百分之九十三。如果這是真的，那我們都應該馬上去上表演課，讓我們的手勢、表情及語調更臻完美，然後就可以安心地把論點和事實拋在腦後。

說話內容真的只占7%嗎？

每當有人向麥拉賓提到他自己的實驗，他都會很吃驚地說，稍有點判斷力的人都應該能理解，說話內容不可能只占百分之七吧。他自己另外舉了一個很有說服力的例子：「如果我跟你說，你正在找的筆就在二樓臥室櫃子從上面數下來的第三個抽屜裡，這用言語可以很精確地描述。但同樣的內容如果用肢體語言就會很難表達。」[3]或許還可以加上：「更不用說用聲音語調了。」

再一個例子：如果說話內容真的只占百分之七，那即使我不會日文或中文，一個日本人或中國人講的話，我應該還是能理解百分之九十三才對。

麥拉賓真正的實驗結果如下，而且對專業的操控者來說非常重要：表情或語調跟說話內容衝突時，相較於說出口的話，人們比較會去相信肢體語言和聲音。55－38－7法則只有在語言訊息和非語言訊息不一致時才適用，並非適用於任何溝通情境。

直覺上我們也早就知道這件事了。如果某個人垂頭喪氣，用平板的聲音跟你說他真的過得超好，你應該不會覺得他說的話可信。如果一個人用厭倦的態度說昨天的派對超嗨，你也會抱持某種程度的懷疑。我們天生會對於訊息內容、肢體語言以及聲音語調之間的矛盾產生警覺，然後會賦予後兩者更多重要性。原因可能是它們大多未經過控制，因此較為純粹、誠實。

記住 如果想讓人信服，肢體語言、聲音語調和說話內容就不能有衝突（要一致）。

這樣說的話，難道肢體語言和聲音語調沒有純粹的言語訊息來得重要嗎？絕對不是這樣！因為還有厲害到不可思議的「光環效應」。多虧了光環效應，我們得以透過良好的形象，讓對方對我們產生好感。

混淆視聽的光環效應

光環效應是一種認知上的偏誤，一種社會心理學上的現象。在光環效應的作用下，一個人身上某個引人注目的正向特質（比如說迷人的外表）會擴散到他的其他特質，使得我們在看那個人時，會覺得他被一圈光環所籠罩，從而給予他整體正面的評價。[4]光環效應的典型例子是，長得好看的學生，他的專業能力會被老師高估。同樣地，相較於其他長相普通的同袍，一個身材高大、陽剛帥氣的軍人，其表現也會被上級長官高估。[5]甚至連一個政治人物，他與其他候選人相比之下的能力，以及在選戰中獲勝的機會，也大大受到外表的影響。[6]

令人驚訝的是，這個「光環」完全不用真實存在，只要有「經過操控的名聲」就夠了。在一項著名研究——羅森塔爾實驗裡，[7]老師被告知說某幾位學生特別聰明。事實上那些「天賦異稟」的學生都是研究人員隨機挑選的。結果老師會無意識地給予那些「比較聰明」的學生更多支持（學生更常被稱讚、有更多時間回答問題、得到更多私底下的關注）。有趣的是，過了一段時間以後，跟「一般」學生比起來，那些假的聰明學生測得的智商也真的大幅提高。另外，長相好看的學生，他們的個性也被賦予特別正面的評價。

我們過往累積下來的名聲和我們的魅力，在很大程度上決定了別人如何評價我們的聰明才智和說服力。你可能會覺得這很不公平，但無論如何，想要靈活操控他人的人，早就都在利用這件事，並且都知道不管去到哪裡，都得把自己的外表打理好，並且加強維護自己的名聲。

自信的肢體語言和語調

然而重要的並不只有名聲和迷人外表。一個人說話的時候語調自信，跟對方保持眼神接觸，也會被認為是可信的——不管他說的內容是什麼。在一項於法庭內進行的實驗裡，研究人員發現直視提問者雙眼、說話時眼神不飄走的證人，會被認為較為可信。[8]

另一個實驗檢視了聲音語調對於說話者可信度的影響：受試者聽兩位證人說話。其中一位證人說起話來自信、流暢；另一位則遲疑、結巴。可想而知，受試者認為，那位語調自信的人明顯較為誠實、有能力。[9]

關於肢體語言與聲音的重要性，還有一個知名的例子，就是一九六〇年美國史上首度總統候選人電視辯論，兩邊分別是甘迺迪和尼克森。甘迺迪在外觀上的表現比較好，眼睛較常看鏡頭，西裝比較好看，肢體比較放鬆——結果跟對手比起來，他贏得更多觀眾的支持。

但有趣的轉變來了：那些不是在電視上收看，而是用收音機收聽電視辯論的人，認為尼克森的表現明顯勝過甘迺迪。為什麼會這樣呢？

因為，聽收音機的人看不到甘迺迪絕佳的肢體語言，而尼克森又在聲音上有明顯的優勢。他說話的聲音比較低沉、速度較慢，散發出更多權威感。相反地，甘迺迪說話的音調比較高、速度較快，被聽眾認為比較不可靠。

到頭來，肢體語言比較好的甘迺迪在電視上贏得勝利，聲音表現較好的尼克森則是在收音機勝出。雖然麥拉賓的55－38－7法則並不適用於每個溝通環境，從這場電視辯論還是可以清楚看出，良好的形象具有決定性作用。

因此，在理想的情況下，肢體語言和聲音語調你都應該要著重。

衣著和地位象徵的暗示性效果

穿著得體的人，在他人眼中會顯得比較有能力，同時也比較能夠達到目的。在一個實驗裡，跟穿著日常服裝的受試者比起來，穿西裝的受試者在談判狀況裡會達成比較好的交易。[10]

另一項實驗則是測試有多少人會跟著一個男人闖紅燈。在第一輪實驗裡，那個男人穿著一套西裝，第二輪則是穿著日常服裝。結果令人震驚：穿著正式服裝時，跟著他走的陌生人數量，是穿一般衣服時的三倍半。[11]

最後我們簡單談一下地位的象徵，一樣以道路交通為例。在一個實驗裡，一輛豪華轎車停在紅綠燈前，綠燈亮了之後它遲遲不開動。對照的則是一輛常見的中價位房車。猜猜看，在哪個情況裡，後方車輛會按較多次喇叭。當然是後者！幾乎所有在平價車後方的駕駛都按了喇叭——而且還按了很多次。更有三位生氣的駕駛除了按喇叭之外，甚至輕輕把自己的車往前開去碰前面那輛車的保險槓，促那位駕駛往前開。至於豪華轎車的後方，只有百分之五十的駕駛按了喇叭，而且當然沒人開車往前撞。[12]

其實這我們早就都已經知道了。但這個現象最近也不斷經過最新實驗的一再證實。

假如你不懂得選用得體衣著和地位象徵讓他人對你產生好感，就等於放棄了一個絕對能夠帶來有效影響力的工具。

自己操控自己？

我們也能用自身的肢體語言和衣著，來操控自己的荷爾蒙比例。這或許令人驚訝，但也是早已為人所知的事實。所謂的高能量姿勢（抬頭挺胸、身體舒展、手臂張開）會導致我們體內睪酮素的分泌增加，行動和主導的感受更為強烈，同時壓力荷爾蒙可體松的分泌則會下降。[13]

記住

為了自身利益，我們除了能操控其他人，也可以操控自己。所有這些實驗的結果都很清楚：自信的肢體語言和得體的衣著，會讓我們的態度更加堅決。

相反地，低能量姿勢（垂頭喪氣、雙手和雙腿交叉）則會使體內的睪酮素分泌減少，壓力荷爾蒙可體松增加。在一個實驗裡，在面試前採取高能量姿勢的應徵者，會比那些採取低能量姿勢的應徵者，取得更好的面試結果。[14]是的，只要穿上西裝，也會讓睪酮素的含量增加，並讓我們的態度更堅決。[15]

3

迅速建立別人對你的好感

物以類聚。

——民間智慧

陌生人之間很難產生好感與信任，除非加入一些操控。想要迅速且有效地大量製造別人對你的好感，「鏡射」是最好的技巧之一。

什麼是鏡射？

我們先看一個日常生活中的鏡射對話。「你」當然是指老練的操控者：

你：你做什麼樣的運動？

對方：網球。

你：網球？我以前看了好多網球比賽。很迷人的運動！

對方：你最喜歡的球員是誰？

你：彼特・山普拉斯。

對方：我當時也覺得他很棒。但如果他跟鮑里斯・貝克對打的話，我絕對會支持貝克。

你：噢對啊，他們兩個的比賽總是驚險刺激！

對方：沒錯！太好了，你也這麼喜歡網球。

定義：

鏡射是指有意識或無意識地模仿對方的語言（包括肢體語言和聲音語調）與說話內容，藉此拉近彼此距離，讓對方對你產生好感。

但是一個精明的操控者絕對不會百分之百模仿對方，因為這樣很快就會被識破。

你必須要大致上附和對方，但又稍微跟他的看法有點不同。對方會對於你們的共同點感到很開心，心想：「嘿，他跟我有點像耶！」同時對你的好感度就提升了！

我碰過一個真實的例子。有天在一個晚宴上，坐在我旁邊的人問我：「賈誠柯先生，您工作的 Nukleus 是什麼？」

我心想：他剛剛真的說了那個字嗎？他非要使用那個拉丁文的詞彙不可嗎？他不能直接問「您工作的本質是什麼」嗎？他不能直接問「您從事什麼職業」嗎？

他會選用那麼冷僻的字眼，應該是想顯示他是聰明人。為了鏡射他，我第一個聯想到的念頭是直譯那個字，第二個想到的則是一個《浮士德》裡的句子。於是我選用後者回答：「您想知道隱藏在背後的本質嗎？我是修辭訓練師和演說家。」他露出心領神會的微笑，我們接著愉快地聊起天。

鏡射為什麼有效？

為什麼「相似性」會拉近彼此的距離，製造出好感呢？鏡像神經元是很特別的神經細胞，我們在觀察某個行為時，這些腦中的神經細胞會被活化，感覺就像自己在做那件事一樣。

簡單來說：看到有人打呵欠，我們也容易打起呵欠；有人給我們友善的微笑，我們也傾向友善地笑回去。某個人對我們很好，那我們比較願意對他好，覺得他真的很討人喜歡。根據理論，腦中的共振系統促使我們不自覺地去複製對方的行為。從這個角度看，我們乃是「自動」去鏡射周遭的人，大多數時候根本不會察覺。

根據這個觀點，藉由鏡像神經元進行的不自覺鏡射——這在小孩身上就已出現，他們會模仿父母的動作和聲音——是自然而然的過程，一些研究人員甚至認為，鏡像神經元以及隨之出現的行為反射，是我們能夠對他人產生同理與好感的根源。

但請小心！鏡像神經元直到一九九〇年代才被科學界「發現」。許多研究人員認為，關於鏡像神經元的誇大渲染是沒有根據的，神經科學界還不完全知道鏡像神經元存在的原因是什麼。因此，我們就暫時先別管神經科學，改用另一個相當簡單、合理的理由思考：為什麼鏡射和隨之發展而出的好感會這麼有效。

想想看：你覺得以下哪種人比較討人喜歡？跟你很像的人？跟你差很多的人？我

認為你比較喜歡那些像你的人。聰明人喜歡跟聰明人聊天，體育迷通常有同樣喜歡運動的朋友，喜歡玩樂的人基本上不會是自己一個人在玩，他們喜歡跟同樣享受生活的人在一起。物以類聚。

當然，有句話說「異性相吸」。但這比較適用於物理領域，在社會心理學領域就比較不適合。因為如果跟相反個性的人當朋友，就得要一直克服兩個人間矛盾和分歧的態度與習慣，很難跟他有共同的計畫和目標。如果身邊圍繞的是跟我們相像、有共同興趣的人，那會非常方便，發生衝突的可能性較低，關係會更和諧。

你也可以觀察一下馬路上明顯是朋友或伴侶的行人。他們彼此經過多年的適應，到現在會穿著類似的服裝、頂著類似的髮型或甚至連步伐都一致。

當然每個原理一定有例外，但是基本上人會喜歡跟自己像的人。如果跟我們名字一樣或同一天生日的人向我們提出請求，我們也比較會答應。[16]

你正好可以藉此悄悄影響對方，讓他覺得你很迷人。試著談論你和對方之間的一致性，透過這種方式迅速拉近彼此距離，製造熟悉感。若是透過自然的鏡射，這種情況通常要經過較長時間才會發生。但如果你做得對，巧妙地鏡射他說的話，不完全重複內容，而是置入一些細微差別，並且偶爾發表一些稍微不同的意見，那麼對方就很難發現你的伎倆。

跟我們對話的人會覺得，彼此在言語、手勢和表情上的相似，也反映出兩個人價值觀與態度的相近。我們認為，跟自己很像的人，將來可能會變成我們的朋友。你就是要利用這點來達成目的，盡全力讓自己和對方能多像就多像。

如何保護自己免於鏡射？

對於跟你不熟、但聊天十五分鐘之後就已經找到十二個共同點，還在對話過程中一再強調那些共同點的人，你都要抱持合理的懷疑。如果有人太快又太常強調你們的相似處，那他明顯就是想操控你。當然我也無法跟你保證說百分之百是這樣。兩個互不相識的人，也有可能真的在短時間內就對重要問題抱持相同觀點、意見一致，但這機率真的非常低。

要偵知對方有無在操控你，最好的方法是對他提出具體問題。本章開頭的網球例子中，若對方說他最喜歡的網球球員是彼特・山普拉斯，那麼詢問具體內容就會是一個很好的測試。你可以問：「為什麼是山普拉斯呢？他出色的地方在哪裡？哪一場比賽讓你印象最深刻？」

真正的山普拉斯粉絲連在睡夢中也答得出這些問題（當然，如果你使用這個方法，你也應該要有所準備……）。沒有相關知識、純粹機械性進行鏡射的人，到此會回答不出來，被判失敗。

詢問具體內容也並不一定就百分之百能揭穿對方，因為可能他同樣有所準備或剛好熟悉主題，很快就拿出不錯的答案，但是詢問具體內容的確會讓很多冒牌貨現出原形。在操控者沒有準備的情況下，透過聰明的追問也能揭穿看似很精明的他們：「哦，您也喜歡下棋啊！太棒了！對方用西西里防禦法開局的話，您會怎麼反應……？」

如果我們事先已知道要對付某個人，網路會讓我們的人生簡單很多。只要稍微對「受害者」做點調查，就可以迅速從他的Xing、LinkedIn、Facebook、Twitter、Google等找出很多他的嗜好、興趣和活動。然而還是要注意在話題的選擇上不要太過冒險。但是不用擔心：必要的時候，你手上還是有「在一無所知的情況下安全對話」一章裡的七大技能。

4 巧妙地說謊

信言不美。美言不信。

——老子

人類一天會說幾次謊呢？兩次？兩百次？這個問題沒有精確的答案，但是我們每個人都在撒謊，說得多或說得少而已。那些想要讓他人留下好印象的人，通常不會完全說實話。而那些不再需要向朋友、同事和自身證明自己的人，就沒必要常說謊。但誰能說自己已經不需要證明給別人看了呢？

既然你無論如何都要說謊了，那為何不把整件事做到極致完美？接下來我要介紹兩大非事實類型（謊言與片面事實）的處理技巧。

巧妙地說謊

第一部分：謊言

有些謊話會被揭穿，有些則一輩子都不會被發現。關鍵因素當然是說謊者的技巧。以下兩點要素必須特別留意：

謊言要素❶　控制肢體語言和聲音語調

如果肢體語言、聲音語調和說話內容三者之間不一致，就是在告訴你，某人在胡說八道。說話內容通常比較容易受人為控制，可是情緒會在無意間透過肢體語言和聲音語調而暴露出來。因此，跟純粹的言語訊息比起來，我們比較相信肢體語言和聲音語調。

突然做出不受控動作、聲音忽然開始顫抖、經常把目光移開——換句話說，說話時無法掌控自己的肢體語言和聲音語調，並且背離平常的說話方式——這樣就會讓自己顯得很可疑。

偵訊專家在對嫌犯提出尖銳的問題之前，會先確認所謂的基準線（基本行為或肢體語言的標準模式），因為頻繁眨眼睛或者過度密集的眼神接觸也可能是正常的習慣，也就是說實話時也會表現出來的行為。

專家們會先詢問嫌犯的姓名、地址、職業、婚姻狀況等，找出被告的標準肢體語言之後，就開始向他們提出具體的問題：案發當晚人在哪？有沒有不在場證明？然後專家會密切注意嫌犯回答時，肢體語言是否偏離他的基準線——這是他在說謊的明顯跡象（例如呼吸加速、皮膚泛紅、輕咬嘴唇、撫摸臉頰、摩擦大腿或雙手、緊張的腳部動作、短暫靜止不動、僵硬的視線接觸、高音頻、說話急促等壓力訊號）。被告顯示出越多肢體語言改變的跡象，他正在說謊的可能性就越高。

因此，一個完美的騙子必須知道明確知道自己的基本行為模式，然後在說謊的時候，不可偏離那個基本行為模式。

還有一個能讓騙子被拆穿的細節：微表情——無法控制、不自覺、短暫的表情反應，只持續一瞬間，通常無法壓抑。尤其透過慢動作鏡頭，肢體語言專家有很大的機率能揭穿影片裡的人是在說謊。

請放心，大多數人完全不會注意到微表情，很多人甚至不知道有這個東西的存在，所以如果你的肢體語言沒有偏離你個人基準，那就很難被發現。全球研究肢體語言的先驅保羅・艾克曼（Paul Ekman）和莫瑞恩・奧沙利文（Maureen O'Sullivan）幾年前發起「巫師計畫」，測試一般人揭穿他人撒謊的能力。兩萬位受試者中，只有五十位（僅百分之零點二五！）能根據微表情與其他線索揭穿謊言。[17]

謊言要素❷　準備完美內容

若想當個完美的騙子，讓最老練、經驗最豐富的測謊者也認為你很難對付，那你也得運用以下十點技巧：

1. 首先，回答時不可遲疑，因為這樣會讓別人起疑。
2. 其次，別講太多細節。說謊的人容易自己透露出太多東西，所以若對方沒請你多講，你就別講細節。
3. 再來，反應不要太過情緒。誠實的人能夠保持完全放鬆的狀態。負面情緒是有壓力的跡象，而有壓力又讓我們顯得很可疑。

4. 事前徹底熟背你的說詞，要到可以倒背如流的程度。

5. 使用「我」、「我的」的第一人稱。說謊者經常會躲在不親近的「人們」後面，下意識地和自己說出口的話保持距離。

6. 針對問題本身回答——說謊者通常不會直接回答對方提出的問題，而是挑一些邊邊角角的東西來講。

7. 避免使用「老實說」或「坦白說」之類的說法，因為說謊的人需要用這些老套說詞讓對方相信他。

8. 務必記清楚你跟某個人說了什麼，因為有可能他三個禮拜後會再問你一次。如果你跟很多人講了你的故事，內容各有些微差異，那也要記清楚你跟誰講了哪些事情。如果記憶力沒有那麼好，就把你說的話寫下來。

9. 說話的時候用簡單的句子。複雜的句型結構可能會讓對方覺得你已經事先準備好、背好故事。

10. 最後，很重要的一點是：大聲地把你要說的謊練熟——同時注意要搭配你的標準肢體語言和聲音語調（關鍵字：基準）。所以我們繞了一圈又回到原點：

控制你的肢體語言和聲音語調。

巧妙地說謊

第二部分：片面事實

片面事實相當狡猾。它有三種形式：說出來的話可能半真半假（形式一）；或者說出口的內容完全是真實的，可是真正重要的訊息則沒說，而且對方若缺少了這個真正重要的訊息，就會導致他的理解失真，導致你可以藉機操控（形式二）；又或者使用具有多重涵義的言辭，既可以這樣解釋，也可以那樣解釋，然後把別人耍得團團轉（形式三）。以下每個形式各舉一個例子。

片面事實形式❶　半真半假

艾兒克有時候會背著她老公偷吃。通常她會在晚上七點左右離開公司回家，但在今天這個壓力特別大的星期四（有個企畫要結案，忙了整天），她到晚上十點才抵達家裡。然而，她傍晚五點半就已經離開公司了，前往她的情人沃夫岡那裡，然後才回家。

她忠誠的老公羅藍問她為什麼這麼晚才回來。她回答：「今天公司有超多事要做。有個企畫案要結案，做到剛剛才做完，親愛的！」

要完成企畫案這件事是真實的，但工作到晚上十點這件事，就是在說謊。事實和謊言結合在一起。艾兒克每天的工作量都不同，下班時間不太固定，也因此不會每次都特地打電話。對於信任艾兒克的羅藍來說，這完全可以理解。

片面事實形式❷ 半真半略過

第二種形式又稍微狡猾一點：說出來的是事實，完全沒說謊。在這個形式裡，艾兒克老公問她為什麼這麼晚才回來後，她這麼回答：「今天公司有超多事要做，有個企畫要結案，真的一整天都在忙這個。」

她真的處在結案壓力之下。她「一整天」都在做這件事也是真的（一整個工作日正好就是到傍晚五點半）。每個字都是真的！只是她對重要的部分情況避而不談。

片面事實形式❸ 半真半隱藏於多重涵義

片面事實的第三種形式，歷史上有一個很好的例子。前美國總統柯林頓和白宮實習生莫妮卡・陸文斯基發生醜聞，他於一九九八年在一次公開聲明裡說（那時事件尚未澄清）：

我沒有跟莫妮卡・陸文斯基小姐發生性關係。我沒有叫任何人說謊。一次都沒有。從來沒有。這些都是不實指控。[18]

「沒有性關係」這個說法當然有很多種涵義。聰明的柯林頓就是利用了這點。因為他們兩個人之間「只有」口交（這點之後於訴訟過程中證實），並沒有發生傳統意義上的性關係。有趣的是，確實有些人認為口交不等於「性關係」，所以柯林頓的說法從這個角度來看並不是謊話。他完美掌握了片面事實的這個形式。另外補充，柯林頓大約半年之後說，他先前對於性關係的論述「在法律上沒錯」（注意，此處他用了很好的措辭），但他跟陸文斯基的關係「不恰當」。

讓我們重新回到艾兒克的例子。她該怎麼說，才不會讓她偷吃的事情曝光呢？也許就這樣：「公司今天有超多事要做：我們有一個企畫案要結案，我已經盡快回來了。」

她老公會把她說的話理解成，她是盡快從公司回來，而不是從情人那裡回來。她可能還覺得問心無愧，因為她說的是事實！有些人會認為這是謊言，但躲藏在多重涵義底下，似乎對她來說完全沒問題。

記住

想讓別人同意你，正確的措辭會起決定性作用。

你不只想操控他人，讓他們同意你的要求，你更想要冷血地強迫他們同意嗎？下一章就教你喔！

5 讓別人不得不答應

你不肯跟我去，我就要使用暴力。

——歌德《魔王》

身處這個自由民主的社會，暴力為法律所不容（當然有例外）。但是誰需要用到肢體暴力呢？明明就有好用的心理技巧，讓別人不得不答應啊。接著我就向你介紹五個方法。

技巧 1 既定事實

第一個讓別人不得不答應的心理技巧，法文叫 Fait accompli，直翻就是「既定事實」。大多數人不會去挑戰「事實」，因此就被迫答應。

我在寫到這個段落的那星期，就兩次目睹這個技巧。一位參加我教練課程的學員馬蒂亞斯，帶著閃閃發亮的眼神跟我說，他十五歲的女兒周末會來參加我的教練課學習論辯技巧。我馬上就起了疑心：十五歲的人想學論辯？

嗯，我沒有在反年輕人喔！但我還是很小心地詢問了一下那個女孩為什麼會有興趣。馬蒂亞斯回我：「我送了她五堂教練課當生日禮物。這下她就一定要來了！」

馬蒂亞斯當然會覺得自己是很誠實、很光明正大的，完全沒有在狡猾地操控。當我向他提到他（無意識）用到的操控技巧時，他的辯解當然是他的意圖是純正又崇高的。是啊！他只是為了他女兒好！

幾天後他女兒來上課了。臉上沒有笑容。對教練課程完全沒興趣。她被爸爸巧妙地擺了一道。

我父母那個星期也試圖在我身上使用既定事實技巧。他們想來慕尼黑找我度週末，說好是兩到三天，結果他們想待一個禮拜。我跟他們解釋，我的截稿日快到了，來我這裡待七天對我來說非常不方便。但我爸晚上打電話給我說：「好消息！我找到一班往慕尼黑的特價火車票，只要二十九歐！那我們就星期一到，然後待到隔週的星期一！我和你媽媽的票我已經買好了！」

勇氣可嘉！給我來既定事實這套，票已經買好了。這在十五年前會很有效，現在我當然不會再落入這種圈套。

如果你自己是這個技巧的受害者，你可以做兩件事：第一，先質疑那個既定事實是不是真的「既定」。很多時候那些事實甚至連個影子也沒有，要不然就是還有辦法可以推翻。第二，堅持拒絕！沒有人可以強迫我們去做什麼事。那位十五歲的女孩可以跟她爸爸道謝，並且說她對教練課一點興趣也沒有，然後就不要去！

如果對方是自己的父母，情況當然比較難處理，因為你很可能被同理心所害：如果不滿足他們的心願，他們會有多難過啊！但正解是：告訴父母，情況變得那麼棘手，是他們自己造成的。那次我也是這樣處理：我清楚告訴他們之前說好的是兩到三天，不是八天。

技巧 2 插足入門（得寸進尺）

你一定有聽過這個方法：如果先把一隻腳踏進門，就比較容易進得去。把這個技巧運用到我們的操控主題：剛開始先提出一個很小的請求，然後過一陣子再提出較大的請求，這時對方就會同意。

這個技巧會那麼好用的原因是，人希望自己的行為是一貫的，穩定持續，不相互矛盾。「我已經幫過那個人一次忙了，第二次當然不能就這樣把他打發走！」

針對這個技巧，學者進行過一項很經典的實驗。[19]他們詢問加州的一些地主說，可不可以在他們的前院放置上面寫著「小心開車！」的大招牌。只有百分之十七的地主說可以。但同一地區的另一群地主，同意設置警示牌的比例就高達百分之七十六！

第二組的情況有什麼不一樣呢？非常簡單。一個星期前，學者先問他們可不可以在他們家窗戶上貼一張幾乎看不見的小貼紙，上面寫著「小心駕駛」。一段時間過後，學者再度前來詢問大告示牌的事情時，同意的比例就非常高。

第二群人想要讓前後兩次的決定維持一致。這種現象被稱為「一致性原則」或

「富蘭克林效應」，因為富蘭克林於十八世紀指出，相較於那些你幫助過的人，那些曾經幫助過你的人會更願意再幫助你一次。

以下是一個日常生活的小技巧：如果你想要一個人幫你搬家，那不要馬上就問他說星期天有沒有兩個小時的時間可以幫你，而是要在幾天前先暗示他你快搬家了，同時問他有沒有推薦哪些地方可以買到便宜的好家具。他不會拒絕你的這些小請求。此時他的內心已經先跟「搬家」這個主題產生連結，甚至還會覺得對其有點責任——他甚至給了你裝潢上的建議。過了幾天後，你請他幫你搬家，他絕對會大力協助。

記住

請別人幫你一個小忙會引發一致性效應，但要過一段時間後再使用！

技巧 3 臉在門上（以退為進）

這個方法跟插足入門正好相反。同樣有一個很具說服力的相關心理實驗：[20] 一群學生被問到說是否願意和一些青少年罪犯去旅行一天，過程中要監管青少年，沒有報酬。百分之八十三的人說不願意。

另一群學生當中，答應一起去旅行的比例是第一群的三倍！發生了什麼事呢？原來是因為，有人先問了第二群學生是否願意以指導員的身分陪伴青少年罪犯，每週兩小時，時間為期兩年。所有人都拒絕了。但第二個決定性問題來了：「那你們會願意跟罪犯一起去一次動物園嗎？」突然間，有一半的人都答應了！

回到先前的搬家例子：不要立刻就請你朋友花兩小時幫你搬家，而是先問他星期六有沒有時間。他應該會拒絕。這時你再問他可不可以「只幫忙短短一小時就好」（根據經驗，我們都知道一個小時很快就會變成兩小時），那麼他就很有可能會答應。

「臉在門上」背後的心理學原理是對比效應：跟一整天比起來，一個小時感覺很短；跟持續照顧青少年罪犯兩年比起來，一天同樣也感覺很短。

技巧 4 訴諸權威

古希臘羅馬時期的人就知道訴諸權威的技巧，拉丁文叫 Argumentum ad verecundiam：

一個權威人士提出了某個主張，所以這個主張應該就是正確的。這個觀念是錯的，但我們可以利用它，比如說找一個學者或研究來證實我們的觀點，同時不必理會以下的問題：

- 那位學者或那篇研究可不可信——聽起來很重要即可。
- 那位學者發表的東西，是他的研究領域還是他根本沒有相關知識的領域——重點在於他要有博士頭銜，並且任職於知名大學。
- 他是否僅代表少數意見——說不定其他百分之九十九的學者都跟他持相反立場並批評他的研究方法。反正也不需要提及這件事。
- 是否清楚註明引用出處——誰會去看原始資料？
- 引用的研究是否具代表性，是否正確使用研究方法，符合學術標準——誰能正確評斷？

如果你覺得只有笨蛋才會落入訴諸權威的圈套，這裡有一個我最喜歡的例子，連一流的研究學者都被權威騙了三十年。

一九二〇年代，極富聲望的動物學家賽奧菲勒斯・佩因特（Theophilus Painter）認為他發現了人類有二十四對染色體，也就是一共四十八條染色體。一直到一九五五年，另外兩位研究人員才證實人類事實上只有二十三對染色體。

特別的是：在這三十年間，其他研究人員也發現人類染色體的正確數目（二十三對），但在大動物學家佩因特的權威效應之下，學界卻還是認為人類染色體的「正確」數目是二十四對。中國細胞生物學家徐道覺也發現了人類染色體是二十三對，他事後諷刺地說：「我在很多細胞裡都很找不太到四十八條。」儘管佩因特具有很高的權威性，徐道覺還是成功找出染色體的「正確」數目。[21]

如果連一流的研究學者數十年來都盲目地跟隨一位權威人士——儘管有著明顯的相反證據——不難想像，普通人又會有多麼敬畏權威啊！

恰好現在又是網路時代，再怎麼荒唐的說法，都可輕易幫它找出一個研究論文（儘管這篇論文很糟或錯誤引用）。召喚權威論證去迷惑別人，在二十一世紀可說是空前的簡單。

技巧 5 訴諸多數

訴諸多數跟訴諸權威類似，拉丁文是Argumentum ad populum：大多數人都相信某件事，則該事必為真實。此觀念錯誤的地方在於：就算是多數，也可能是錯的。

雖然我已經知道這個技巧好多年了，不久前還是差點上當。我在一家西班牙的旅館辦理入住手續的時候，有位很親切的小姐跟我說，這間旅館裡的所有客人都跟她訂了一套遊船行程。保證內容好玩、價格便宜，我也應該立刻預訂。

聽她這樣說，我已經開始想：「大家都訂了？那一定很好玩，我不想錯過！」接著我差點就下訂了，幸好在付款之前我又問了一下遊船的內容。結果答案是：「很多人，很多酒，很多電音。」夠了，聽到這三個理由我就閃了。

這個小故事是想說明，就算已經知道某項操控技巧很多年，還是無法保證自己不會上當。我們在懶惰或疲累的時候，經常會關閉大腦——此時那些歪理就會變得很危險，讓我們變成受害者！

6 用問題引導對話

提問的人掌控局面。

——商人智慧

我們可以採用目的明確的問題來引導對話內容及對方的情緒。提問之後，對方的思路會專注集中在回答那個問題，因此可以引導對話內容。但當然也可以藉由問題來轉移對話內容、創造事實、中斷對話，或者探討論點（先做球，讓你之後反駁）。

在情緒層面，也可以透過問題來引導。特定問題可以羞辱對方，讓對方失去戰鬥力，也可以挑釁或稱讚，或者激起與對話內容完全無關的特定情緒。

每個人都知道激問、開放性以及封閉性問題等等。但我們來看看十種非常適合用來操控別人的問題形式。

類型 1 潛藏式問題

假設我們在面試他人。相信每個人都知道（大家應該都知道吧？），勞動法明文禁止針對應徵者提出私人問題。但是為什麼不採用潛藏式問題，問問眼前的年輕小姐結婚了沒、想不想生小孩呢？該怎麼做？聰明的人資會這樣問：「您先生同意您搬到慕尼黑嗎？」

那位應徵者如果不是回答：「我沒有先生。」就是會回答：「是的，他同意。」幸好有這個潛藏式問題，不管應徵者的回答是哪一種，老闆都得到了他其實不能問的資訊。這種老闆辦得到，你當然也行！

類型 2 選擇式問題

假設有人打電話給你推銷東西。你靜靜地聽那個人把整段話講完，覺得不太確定要不要買。真的需要嗎？不會有點太貴嗎？推銷員在電話說的都是真的嗎？

你還沒拿定主意的時候，這位聰明的銷售員巧妙地問了這個選擇式問題：「我應該要星期三上午還是星期五下午過去一下比較好呢？」

這當然是他的一個操控技巧。這種「假性二分法」或「假性兩難」會讓對方以為自己只有兩種選擇，但其實選擇還很多。第三個選項就是，你回他：「我一點都不想要買啊。」第四個選擇叫做：「我考慮一下，有需要再跟你連絡。」

但是這些卑劣的技巧，會使非常多人上當。很多人聽到這類問題之後，會覺得好像「被迫」要選星期三或星期五。我們也可以向銷售員學習如何取得勝利！

類型 3 恭維式問題

我們可藉由問題來奉承他人。恭維這種手段，狡猾的地方在於，即使知道那只是客套話，聽的人還是會開心，覺得被討好。我最喜歡的政治學教授有次為了向我們解說這種技巧，在課堂上說：「我太太知道她不是世界上最漂亮的人——但她還是想聽別人這麼說！」真是個發人深省的句子。

記住

即使對方知道不是真的，恭維還是一項很有效的武器。

那麼，如何把恭維和提問結合起來呢？很簡單，你可以這樣問：「您怎麼能把某件事做得這麼成功？」對方就會很高興，覺得被奉承到了，然後可能會滔滔不絕地告訴你他為什麼這麼厲害、這一切是如何辦到的。就算他的反應不是這樣，而是表現得很謙虛，你還是迅速建立起了他對你的好感！

類型 4 攻擊式問題

我們也可以用問題來攻擊別人。「你說這句蠢話是怎樣？」或者稍微溫和一點：「您怎麼會提出這麼一個不成熟的建議？」這些措詞裡含有尖銳的箭，沒有人躲得掉。

把攻擊的言辭包裝在問題裡，優勢在於大多數人反應都不快，一般人完全不知道要用什麼方式回應這類的攻擊，所以你沒什麼好怕的。你提出攻擊性的問題之後，最可能會聽見的是對方用力替自己辯解，或者努力道歉。法國人有一句話很適合用在這裡：Qui s'excuse, s'accuse ——直譯就是，道歉的人等於在指控自己，亦即道歉的人就是坦承自己有錯，讓自己陷入不利的防守位置。

類型 5 反詰式問題

反詰式問題我們已經於「在一無所知的情況下安全對話」一章中討論過了，所以這裡只稍微講一下。大多數人會自動對反詰式問題做出回答，完全不會發現「反問」只是一種手段。「有人問問題就應該要回答」這個自然的反應對我們很有利，十個人裡面有九個會上鉤。

哈西迪猶太人是使用這個技巧的大師。一位統治者有一次問他的猶太僕人：「為什麼猶太人總是要用反問來回答問題呢？」那位機靈的僕人回答：「為什麼猶太人不應該用反問來回答問題呢？」

類型 6 暗示式問題

暗示式問題指的是用問題的措辭來影響對方的答案。封閉性暗示問題的典型例子：「您一定也認為……沒錯吧？」開放性暗示式問題的例子：「我們老闆昨天把X企畫案從頭到尾罵了一番。你對X企畫案的看法是什麼？」

封閉性暗示式問題賭的是「人不喜歡違背他人對自己的期望」。開放性暗示式問題利用的原理則是，人不喜歡站在權威人士的對立面，所以也會給出一個跟問句內容相符的答案。

類型 7 歸罪式問題

歸罪式問題是暗示性問題的極端形式。暗示是指「建議」對方某件事情，歸罪則是把某件事情「強加」於某人身上。有個經典的例子是：「你還在打你老婆嗎？」說這句話的人就是在大膽指控對方以前有打老婆。出奇不意地把某件事歸罪到對方身上，會誘使他無意間說出事實。

再來一個日常生活的例子：「從什麼時候開始，工作對你來說已經不再有樂趣了？」這個問題我自己已經試過非常多次。大多數人平常會宣稱自己的工作很好啊，這很容易理解：如果不這麼相信，他們就會長期處在認知失調的狀態裡。認知失調這個概念我們稍後會另闢專章討論，這裡只先稍微提一下：很難有人能忍受「每天去工作、但同時厭惡這份工作」的情況，這是兩種不協調的認知（這裡是感知和希望），所以我們會不斷告訴自己工作很美好——最後自己就會這麼相信。

我提出上述「從什麼時候開始……」的問題之後，通常對方會說出真相，而不是常聽到的「我喜歡我的工作」。有機會的話，找個你認識的人試試看吧。你會看到他們被你引出一些話。

類型 8 連鎖式問題

連鎖式問題的目的在於一次塞給對方很多東西，藉此讓他招架不住，看起來虛弱又無能。例如：「您想藉此解決那項問題？什麼時候會解決？您怎麼、為什麼沒有提出替代性解決方案？」

一句話裡一次出現四個問題，一個接一個。如果你想讓某個人腦袋一片混亂，你就在一個問題裡放進更多元素。而就算他們有回答兩或三個問題，你還是可以繼續窮追猛打：「您漏了我其中最重要的問題，也就是……」

很壞嗎？當然壞！但也很有效，在大多數情況下。

類型 9 回音式問題

典型的回音式問題其實就只是重複聽到的內容。例如對方說了一大堆，你問：「所以您的看法是……」如果你想要真正理解聽到的內容，這個問題其實很值得讚賞。對方說了什麼，我們就複述一次，或換個方式說。這個人與人之間的溝通技巧跟「積極聆聽」類似：我認真對待對方說的話，我透過回音式問題來確保我也確實理解了對方說的話。

這會為我們帶來一項額外的好處：對方會有意或無意地注意到並讚賞我想理解她的說話內容。因為我們在日常生活中很少被別人仔細聆聽；大多數人只想照自己的意思做，對其他人的意見不太有興趣。

當我們終於遇到某個人，他努力理解我們、問問題、表現出對我們的興趣，我們就會覺得這個人很討人喜歡！然而技巧就在這：對別人的興趣，當然可以是裝出來的。那個人怎麼知道我們是真的有興趣還是假裝的？根本不可能！他不會知道。

當然，你還是不能提太多回音式問題。理想情況是，只在對方認為特別重要的重點處提出。

類型 10 激怒式問題

我也可以藉著問題來激怒，或甚至羞辱對方。比如說：「這個爛簡報，你花了多久時間準備？」

聽者當然會因這個問題而憤怒。這個技法的作用在於，人憤怒的時候會犯錯，而我們正好可以利用對方的犯錯。有一句很棒的名言是這麼說的，If you speak, when angry, you'll make the best speech you'll ever regret.（應該是出自諧星格魯喬・馬克斯Groucho Marx）這句話意思是，憤怒時說的話，會讓你後悔莫及！

用激怒式問題把對方弄到極度惱怒之後，他會出現過度激烈的反應——可能會說出一些話，接著讓我們又可以利用這些話來批評他們。當然這也很壞。把這個技巧使用在情緒化的人身上尤其有效。這就是下一章中我們會詳細討論的重點：如何用情緒控制他人。

7 用情緒控制他人

最有辦法促使人做出行動的是情緒。

——普魯士將軍 卡爾・馮・克勞塞維茲

在德國，幾乎所有學校都會教冰山理論，最常見的模型是：溝通過程中看得見和聽得見的部分，只占百分之二十（有些說法是百分之十、百分之七或「極小部分」），占最大部分的是情緒（或者「關係層面」與「潛意識」）。

潛意識與情緒層面在我們的生活裡到底占了多少部分，當然沒辦法用數學精準測量，而且每個人的情況也都不一樣：理性的人比較會注重實質的論點，而情感豐沛的人則可能不自覺地認為潛意識層面比較重要。

情緒在我們的社會上扮演著很有趣的角色。一方面，相關的研究很少；另一方面，百分之九十九的情緒被視為理所當然，感覺到什麼就是什麼。你的想法會被質疑，但你的情緒不會。

這在二十一世紀更加有趣，因為現代人想把一切都量化控制。錢的數額、youtube上的觀看次數、臉書上的按讚人數、Twitter上的追蹤人數。今天走了多少步，消耗多少卡路里。只有情緒無法量化，無法控制。

早在希臘羅馬時期，情緒就被視為是真實的：跟理智比起來，應該要更相信自己的情緒。你的情緒不會騙你！拉丁文Sentimes superior也是在說這件事。

這跟操控人心有什麼關係呢？非常簡單：由於情緒在社會上扮演著神聖不可侵犯的角色，所以我們會認為情緒都是真實的，不會去仔細探究。而如果某樣東西不會被仔細探究，對想操控的人來說，就更棒了。因此，問題來了：要如何用情緒操控他人呢？以下是五大情緒技巧。

技巧 1 爆發情緒

這個技巧的重點在於突然的情緒爆發——通常是負面的情緒。想像一下兩個人正在談判，一切都進行得還算得體有禮。忽然間，其中一個人沒來由地開始大吼：「你怎麼能提出這個建議呢？都不會良心不安嗎？真的很不公平！我從沒想到你會這樣！」

如果有人突然這樣大聲地指責你，你的感覺怎麼樣？當然是很糟。然後你應該會開始猜想：這個平常安靜謹慎的人，今天會這樣訓斥你，應該也是有點道理吧。

使用本技巧時，你的情緒基本上應該要真實，但一個好的談判者當然擅長演出情緒爆發的橋段。大吼大叫、揮動雙手、瞪大眼睛、表現震驚——這些舉動都不用是真的，只要讓人覺得是真的就夠了，對方已經被我們弄得良心不安了。

假如你現在想：「我們又不是在原始叢林裡，大吼大叫在我身上不會有效。」那你絕對是個例外。演技精湛的情緒爆發會對大多數人產生很大的影響。

不久前我才在一場法庭審理上擔任教練，要在審理過程中觀察我的律師客戶，分析他的論辯方式。一切進行得很平和，兩造當事人持不同意見，很正常。突然間，對方律師開始大吼大叫。毫無理由！

然後發生什麼事呢？整個法庭就這樣聽著他大吼大叫，明顯被他嚇到——而且還同意了大部分他說的話。這種情況絕對不罕見，你可以在家或在公司裡注意看看這樣的情緒爆發完之後會發生什麼事：通常對方都會招架不住。

技巧 2 召喚友情

這個技巧早在希臘羅馬時期就已為人所知，名稱為Argumentum ad amicitiam（字面上的意思是「支持友情的論據」，意指「召喚友情」）。使用這個技巧的人會這樣說：「如果你想當一個稱職的朋友，那就做這件事！」或者：「如果你真的愛我，那你就會相信我。」

這個勒索人的技巧當然是很狡猾的，旨在喚起我們的罪惡感：如果不做對方想要我們做的事，我們就不是真正的朋友／伴侶。在這種情況下，通常人會傾向就去做對方希望的事，因為不想失去自己在朋友或伴侶心中的地位。

這個操控法有個比較現代的版本，來自影星瑪麗蓮・夢露。她的這句名言極度頻繁地出現在線上交友平台：「如果你無法接受我最壞的一面，那你也不配擁有我最好的一面。」大意可能是：「如果你想要我當你的男／女朋友，那你就要忍受我的壞脾氣！」好吧，人並非只有好的一面，但這種論證模式仍舊是一種確確實實的情緒勒索！

技巧 3 訴諸同情

還有一個也很有用的技巧是訴諸同情，拉丁文是Argumentum ad misericordiam。同樣地，這個技巧在兩千多前就已經非常有效。比如說一個人假裝自己是個很不幸的人，需要別人的幫助，而我們出於同情，比較傾向去做那個人想要的事，就算我們完全不想。

我一個很好的朋友想在慕尼黑慶祝他的三十歲生日，跟他的朋友們一起。但他媽媽另有打算：兒子應該跟她一起慶祝生日。她在電話裡跟他嘀咕了一些百分之百肯定是在訴諸同情的話：「我都已經這麼老了！沒人知道我還有多久可以活。你的三十歲生日絕對是我們還能一起過的『整歲』生日了！拜託來奧斯納布呂克跟我一起過嘛！」我朋友完全不想在奧斯納布呂克過生日。但最後還是去了！

為什麼訴諸同情這麼有效？非常簡單：父母和權威機關從小就教育我們「不可自私」，不能只想到自己，要把自身利益放在最後。我們屈服於社會的群體壓力，把這個態度內化了。所以若你想要某人做出某個舉動，只要在他身上按下這個同情按鈕，就有極大的可能會成功。注意，要把你的情況表現得：

- 越可憐越好
- 無法靠你自己的力量解決
- 對方是能拯救你「悲慘」情況的唯一人選（或最好人選）。

技巧 4 訴諸恐懼

我們也可以藉由恐懼來操控他人。這個技法自從有人類以來就一直在運作，還可以讓你的保險代理人過上好日子：「什麼事情都有可能發生！所以要及早做好準備！」

若想讓他人覺得你提的事情很合理，你在提出理由的時候要特別注意以下準則：

- 預期後果對你的目標人士來說要夠嚴重。
- 你說的災難性後果必須是「可能會發生」的（至少從對方的角度看來）。每一項數據都能往對你自己有利的方向重新詮釋！
- 你要提供一個具體解決辦法，讓你的「受害者」知道如何確實避免那些後果出現。
- 最後，你的解決辦法要是可行的，而且也不能超出對方的負荷。

技巧 5 召喚虛榮心

人通常覺得自己比其他人優越，本書稍後講到認知偏誤的時候還會再詳述。用召喚虛榮心技巧引出的，就是這個「我超過平均水準」的幻覺。

我不久前發生過一次這個情況：有位以前的同事打電話給我，問說如果有個人要學的東西太多，被壓得喘不過氣來，問我會推薦什麼樣的學習方法。一開始我不太想詳細回答，對方可能也注意到了，所以為了激勵我給出更詳細的答案，他順帶補充說：「我會來問你，是因為你拿了雙學位，你是我認識讀資料最有效率的人。身為這個領域的頂尖專家，你一定能幫到我！」

我的嘴角忍不住上揚。不過這個方法馬上就被我認出來，所以他的技巧並未成功。但他其實是有機會成功的，他只是犯了「一次堆疊太多東西」的錯。因此，我的建議是：恭維的內容要經過深思熟慮，也必須要有道理。如果他把最後一句刪掉……誰知道呢，也許我也會落入這個陷阱。

8 攻擊對手的說話內容，讓他無力抵抗

打擊爛論點最好的辦法就是不要打擾對方發言。

——亞歷・堅尼斯爵士（Sir Alec Guinness）

有一個很特別的世界，就是辯論的世界。大多數德國人不知道辯論這種運動，但在英國、美國和許多國家，辯論就普遍受到歡迎。

辯論是用言語來擊劍。重點在攻擊對手的說話內容、瓦解他的論點。反駁對手的說話內容很好玩——而且在理想的情況下，被你反駁之後，他值得一提的論點已經所剩無幾。

過去我活躍在辯論界的時候，碰過哈佛、耶魯、劍橋、牛津以及許多其他世界

菁英大學出身的頂尖聰明人士。在我參加的前幾場國際競賽，我碰到他們完全沒有勝算，他們有很多反駁技巧——那些對我來說是高不可及。後來我花了兩到三年的時間才有辦法與他們匹敵，並且在歐洲和世界大賽上打敗來自哈佛及牛津的隊伍。

我一開始缺少的就是「攻擊對手說話內容」的技巧。在我們的世界裡，我們都在當好人，只有極少數人學過反駁技術，更不用說有系統地去鑽研了。這太不公平了，因為，第一，攻擊對手的說話內容非常好玩！第二，當我們必須堅持自身立場的時候，那些技巧會很有幫助。

接著就教你反駁對手說話內容的七大技巧。

技巧 1 擴大攻擊面

大多數人不太會提出論證。這句話聽來傲慢，卻是真的。「提出論證」的定義如下：對自身說法提出詳細、合理的理由，排列順序合乎邏輯，且清楚、適切、不前後矛盾，給予一開始的主張足夠的支持。知道了這一點，就能迅速利用對手薄弱的論證能力來進行操控。

如同本章節開頭亞歷・堅尼斯爵士那句貼切的名言所述，對方論證得很爛的時候，不要去打擾他。意思就是：讓他說。因為他說得越久，我們能攻擊的地方就多。

政治人物當然也深諳此道理。他們會盡量減少提出或說明理由的機會，因為每提出一個理由就可能犯一個錯。理由給得越多，可能犯的錯誤就越多。

另外，一審法官的判決書也經常只有一頁或兩頁。如此一來，就比較不可能被更高審級推翻。因為法官也知道：寫越多，能被攻擊的地方就越多。

企業老闆極少會說明理由。他們只會宣布他們做出的決策，並指出這對他們來說是很艱難的決定，會對某些人造成不便——但並未提及真實原因。媒體只會得知可以外傳的內容。

使用「擴大攻擊面」這個方法的目的是，不打擾對方發言，讓他盡可能多犯論證上的錯誤。萬一他只提出簡短的理由就結束，那就繼續追問下去：「為什麼您會這樣想？」「您的理由是什麼？」「可以請您再說明得更詳細一點嗎？」盡可能多問對方的理由和動機，直到取得足夠的素材來拆解他的說詞。

技巧 2 稻草人

稻草人是個狡猾的反駁技巧，有兩種變化形式。重點在於不要仔細權衡對方所有的真實理由，而是要去扭曲他說的理由，或把最弱的理由當作「稻草人」，只攻擊這一點，讓人覺得對手的立場完全被摧毀。

稻草人形式❶ 扭曲或偽造對手說話內容

這種形式的稻草人技巧是指，故意不理會對方說出來的真實內容，反而將其誇大、扭曲，直到其聽起來可笑、虛假。這會讓反駁變得特別容易。當然，要注意不要扭曲得太過火。但若對手不在現場，只單純「引用」他說的話的時候，運作起來又更為容易。

就算他在場，還是可以扭曲他的話。注意盡量使用對手的詞彙，然後在某一點上加入你自己的「細微差別」。如此一來，對方應該不會注意到你在進行操控。

稻草人形式❷　只攻擊對手較弱的理由

這個形式不在於編造對手的論點，而是我們真的採用對方說的話，但我們抓出他論據最糟糕的面向，然後猛攻這一點，假裝強而有力的論證完全不存在。

這個技巧非常容易應用在日常生活中，因為人們傾向為自己的論點提出很多理由，不是只有一個。

技巧 3 無窮倒退

下一個攻擊對手說話內容的技巧跟一個哲學問題有關，亞里斯多德及其後的所有其他哲學家都必須與此問題搏鬥。面對大多數的論證，我們都可以無止盡地問「為什麼？」這個技巧叫「無窮倒退」，或者 regressus ad infinitum。

例如：「我們應該要限制難民人數，因為我們沒有辦法無止盡地收容那麼多人。」「為什麼？」「因為我們的資源有限，而且也要為本國人民著想。」「為什麼？」「因為難民是靠我們的稅收在支持，如果把大部份稅收用在他們身上，是很不公平的。」「為什麼？」「因為本國的一切都是靠國人努力得來的，而且國人並不需要為其他國家的困境負責，比如說敘利亞。」「為什麼？」「因為這是那些國家自己搞出來的問題啊，像是集權統治或宗教基本教義派，國人並不需要為這些問題背負道德上的責任。」「為什麼？」「因為要負道德責任的前提是，該情況有部分是我們的責任，讓我們有做出行動的道德義務。」「為什麼？」……就這樣無止盡延伸。到某個時候，對方就會不知道還有什麼理由可以回，然後我們就「贏了」。

這個隱藏在背後的哲學問題被稱為「明希豪森三難困境」（Münchhausen-Trilemma）。[22]據說明希豪森抓住頭髮，把自己拉出沼澤。根據此原理，並沒有所謂的「最終論證」。被無止盡地詢問之後，回答的人如果不是陷入無窮倒退（如同前例所述）就是陷入循環論證（命題裡已經包含理由），又或者就直接停止回答。

唯一能夠取得「最終論證」的方法是提出無法被追問的說法。這可以透過亞里斯多德比喻之「不動的原動者」來進行。把一個靜止不動、創造萬物、無法對其提出質疑的根源當作「最終論證」（在基督教信仰裡就是上帝）。

記住

我們可以無止盡地用「為什麼」來轟炸對手。過一段時間他就會放棄，也必須要放棄。

技巧 4 指責不相干內容

人提出論證的時候，經常沒有針對自己的論點或主題，他們的闡述雖然是正確的，但對於正在辯論的主題是不重要的。我們可以指責對方說的內容跟主題不相干，方法有兩種：

方式❶ 拿出理由，指責不相干內容

如果某人真的沒說半句重要的東西，那麼你不能只說：「那跟主題無關！」你也要說明為什麼他說的東西對目前正在討論的話題是不重要的。

想要有理地做出指責，當然就必須把引起爭論的問題謹記在心，熟悉主題，想法不能漂走，而且也不能被對手的紅鯡魚手法（故意轉移話題）所激怒。

方式❷　沒理由地指責不相干內容

雖然對方說的東西確實與主題相關，我們還是可以裝作一切都偏離主題。第一，這會完全把對方搞糊塗；第二，在未經準備的情況下，對手會難以說明為什麼他的說詞不僅是真的，而且還很重要。

很多人都不知道，想要正確地論證，光是提出理由是不夠的，有時還要舉例說明，而且說話內容的關聯性也必須要解釋。

不然的話，聽者會能夠提出反駁：「也許你說的是真的——那又怎麼樣？」百分之九十九的人在論證時會忘記提出相關性。而因為只有極少數人能在未經準備的情況下提出論證，所以就算是無理地指責不相干內容，也很有效。

技巧 5 使對方陷入矛盾

在邏輯論證裡，出現矛盾是思緒的潰敗。自相矛盾的人，就破壞了邏輯的基本規則，同時也表示他沒通盤思考過他的立場。

與對方討論時，能找到一個矛盾當然是最好，但也有其他辦法。從對手幾個月前在另一次討論裡說的話，應該也找得到矛盾之處。因為人在同一個話題裡通常不會出現矛盾，但跨到不同主題時就會了。

我朋友圈有個簡單例子：某個人很重視自己的健康，但他抽菸。

另一個同樣出自我朋友圈的例子：有一天，我有個很好的朋友談到應該要捐助給需要幫助的人。他解釋說，根據有效利他主義的概念，我們應該要仔細想想我們捐出的東西能發揮什麼效果，然後捐出最能幫到人的東西。而當我們問他有沒有捐過東西時，他說沒有。

技巧 6 權衡比較

權衡技巧的重點在於：你同意對方的說詞，但接著指出某個被對方忽略的東西更為重要，然後說明理由。這是一種間接攻擊對手說話內容的方式：我們不說他的說詞是錯的，也不說它不重要。

權衡技巧奸詐的地方在於，沒人能證明什麼東西是比較重要的。你只需要假定：「但ＸＹ點對我而言更重要！事情就是這樣！」別人也就無法多說什麼！

技巧 7 就是因為這樣

本章的最後，我想再提一個攻擊對手說話內容的技巧，這個技巧總是出其不意，讓對方措手不及。某個人批評了某件事，這時我們可以指出，被他認為是負面的那一點，其實是好的，而且支持我們的觀點。

假設史溫先生在賣高價位的產品和服務。他的顧客說：「好貴！」

史溫如果聰明，他會把對方認為的缺點轉變成優點。他會這樣回答：「就是因為這樣，您才能獲得高品質的產品與最好的服務！一分錢一分貨。」

9 攻擊對手本人，讓他啞口無言

羞辱是無理之人的論證。

——盧梭[23]

早在希臘羅馬時期，攻擊就已經有訴諸內容（ad rem）和訴諸人身（ad hominem）的區別。[24]雖然我們被教導不可以侮辱別人，不可打斷對方說話，不應該大小聲等等，但我們所有人都知道，人身攻擊就是能有效使受攻擊的人感到惱怒，讓大多數人說不出話。

當代侮辱之王無疑是前美國總統川普。然後呢？他粗魯、傲慢、輕蔑的舉止有導致什麼事情發生嗎？如果把他所有侮辱的言論集結起來，可能可以變成一本書吧。紐約時報就登過一篇很有趣的文章，主題是川普透過推特羞辱過的三百二十九個人、地方與事物。[25]

讓人好奇的當然是，為什麼川普的言辭羞辱會這麼有用。這個問題的答案是：他的對手完全沒有預料到會出現那麼猛烈的人身攻擊（例如在電視辯論會上），所以被嚇呆了。

這種羞辱真正的效果並不在於羞辱本身，而是對手無助的反應。在觀眾眼裡，川普很強大，其他政治人物就顯得軟弱、啞口無言。

傑布・布希（Jeb Buch）在選戰初期是共和黨最具勝選希望的候選人，他在很多場電視辯論會上都說了這句話：「唐納，你是沒辦法靠羞辱人選上總統的。」他錯了。我們來看一下為什麼川普的羞辱言論會有效：

- 川普對著蘭德・保羅（Rand Paul）說：「我從來沒批評過他的外表——雖然，相信我，能說的可多了！」保羅當時的反應呢？他微笑著，什麼都沒說——看起來弱爆了！

- 可憐的傑布・布希說話的時候一直被川普打斷，川普不斷喊著他那有名的「錯！」布希當時的反應呢？他說：「先生，請您不要打斷我說話。」川普還是繼續插話，布希繃著個臉——看起來弱爆了！
- 在辯論過程中，他對泰德・克魯茲（Ted Cruz）說：「你才是最大的騙子。」克魯茲的反應是什麼？他露出尷尬的笑容，眼神朝下——看起來弱爆了！
- 他在辯論時指著馬可・魯比歐（Marco Rubio）說「他根本不是對手。」魯比歐聳了聳肩，無助地看向主持人——看起來弱爆了！
- 最後是希拉蕊・柯林頓：在一場電視辯論會上，川普在前二十六分鐘就整整打斷她二十五次。希拉蕊說：「還好川普沒辦法制訂法律。」接著川普立刻說：「不然妳現在就會在牢裡了。」這是個可怕的威脅。希拉蕊把麥克風移向一邊，沒做出什麼反應——看起來弱爆了！

叔本華在《叔本華的辯論藝術》（*Die Kunst, Recht zu behalten*）一書中提到，聽到別人羞辱你時，最好是用理性的論證來回應：「因為跟粗魯、羞辱性的措辭比起來，用沉著從容的態度跟一個人表達他說的是錯的、判斷錯誤、思考錯誤，更能激怒對方。」[26]但這次他錯了！因為想「從容」地向對方表達某事，是自己要先有辦法把話說完，但川普不讓任何人有這個機會——對手開始說話一小段時間之後就打斷他們發言。用從容態度反駁對方，也許在學者之間正式的學術辯論過程是最有效的方式，在充滿侮辱的川普世界裡，人則經常會喪失對策。

為什麼侮辱別人有效？

因此問題就來了：到底為什麼人身攻擊會有效呢？人身攻擊是針對對自我加以羞辱。自我被羞辱時，負面情緒會向我們襲來，而且大多會強烈到讓我們喪失理智、腦袋有一小段時間一片空白。等到自尊受辱的感覺過幾分鐘消失之後，早就已經來不及做出機敏的回答——然後像個Loser般站在那裡。就像前述例子一樣。

在我訓練靈敏度的課堂上，每次只要我突然用言語攻擊其中一位學員（為了演練的目的），就會看到這個呆住的現象：那位學員癱坐著，完全說不出話。我們從來沒有被訓練過要如何反制人身攻擊和邪惡的對話妖術（包含打斷、插話干擾、錯誤引用等等）。因為我們在學校的時候都認為這個世界是很美好的，我們會寫作文，會背誦並解析古詩，但當同事用「你的報告真的很愚蠢！」這句話來激怒我們的時候，我們就會看起來很無助，說不出機智的答覆。

要面子、低自尊加上靈敏度缺乏訓練，使得我們遭受攻擊時，完全失去言語的防禦能力，容易受惡劣的人所利用。

真的應該侮辱他人嗎？

再回到那句叔本華的名言。它說羞辱是無理之人的「論證」。事實應該也是這樣。但哲學家還有一點觀察也絕對沒錯，也就是「有理」和「別人認為你有理」也許是兩件不同的事情。他寫道：「一個人對於某件事的看法，當然可以是客觀上有理，但在其他人的眼裡，或有時在自己的眼裡，是無理的。」[27]

因此，那些「覺得重點在勝利、重點在不計代價貫徹自身立場」的人，即使受到侮辱，還是會把對話繼續進行下去。想要巧妙操控他人的人，事前會先去弄清楚對手是否有不足之處、能否被激怒，如果有，又是在哪個領域。是外表嗎？是工作上或私生活上的失敗？缺乏認可？過去做的錯誤決定？糟糕的名聲？每個人都有弱點。想要更精準地進行人身攻擊，就一定要找到這個弱點。當然了，人身攻擊不能太過火，尤其不能構成刑法法典當中的誹謗罪。

10

迅速結束不愉快的討論

傾聽是很危險的。如果認真傾聽，就有可能被說服。而被一個論點說服的人，是一個徹底不理性的人。

——王爾德

有些時候我們會想要快速結束討論，比如說當我們的論點比對方糟、即將輸掉辯論、沒興趣或沒時間；或者完全不想陳述自己的意見或沒有意見，但又不想承認的時候等等。

本章將教你從不愉快的討論中脫身的五個有效技巧。想要做得專業，在執行時就要保持鎮定，因為就算我們在對話內容上屬於防守方，還是必須面不改色，當然不能被對方發現我們想離開對話。因此，在使用本章任何一個技巧之前，我們必須事前先建立良好的舉止，以便迷惑他人——尤其是專業的肢體語言和聲音語調（請見前面專章的內容）。

中斷技巧 1 格言論證

這是一個必殺論證，可以在討論開始前就將其扼殺，堵住對方的嘴，因此這個技巧又被稱為Killer Phrase。我們馬上就來看看其中三種最為大眾所熟悉的，也就是「官僚體系的三大黃金守則」：

1. 我們一直以來都是這樣做的！
2. 我們從來沒有這樣做過！
3. 那每個人都來這樣要求就好了啊！

有時候這三大守則還會伴隨以下常見的慣用語，而這些慣用語對我們而言也同樣很有用。（如果公務員都這樣幹，我們也可以仿效。）

4. 爲什麼我們一定要這麼做？
5. 這不是我們負責的！
6. 這不符合成本效益！

然而這還不是全部！你也可以使用這些句子來終止對話：

7. 我沒興趣討論這件事！
8. 我現在沒時間！
9. 現在不是討論這件事的好時機！
10. 我眞的不想跟你討論這件事！
11. 這眞的是一件很荒唐的事！

12. 我們改天再說吧！
13. 這樣會打破慣例！
14. 可惜沒別的辦法！
15. 規定就是這樣！
16. 理論上也許可以，但實際上就是不可行！
17. 我已經試過了！
18. 我沒興趣！
19. 我會在內部討論一下！
20. 不要，我就是感覺不好！

類似這樣的句子還可以找到很多。但讓人好奇的是，為什麼這些格言論證會有效。原因是大多數人不夠堅持。我們都被教育成要有禮貌，不要咄咄逼人。結果就是，只要隨便說上述一句空話，很有教養的對方就不會想要糾纏不休，不會再繼續追問，也就阻斷了任何讓討論延伸下去的可能。

如果相反地，是你被這類論證堵住嘴巴，你可以透過「認出它、制伏它」進行有效的反擊。你可以說：「親愛的，這類格言論證在我身上是沒有用的。」這個道理同樣也適用於本書提供的其他所有操控技巧：只要能夠辨識出它們，就代表能夠反制它們。

中斷技巧 2 訴諸反覆

當我們的對手出乎意料地蠻堅持的時候，就可以使用第二個技巧。將討論進行到雙方都受夠了的境界，這個方法暱稱是「令人作嘔」（訴諸反覆）。比如說可以不斷重複自身立場：

你：我現在沒興趣討論這件事。

他：但這件事很重要，我們應該要談一談。

你：現在不要。我現在不想談。

他：那你什麼時候想談？

你：反正就是不是現在。現在不想！

對於對手來說，最致命的是：他就是沒辦法避開這些重複的話語。而如果你的對手是個機靈鬼，指出你一直在重複，那還有一個古羅馬人就已經知道的技巧，意即「你也一樣」（Tu quoque），這點稍後還會再詳細討論。總之，如果對方指責我們：「你講話一直在重複！」，那我們就很不爽地說：「你也一樣啊！」然後討論就此結束。

中斷技巧 3 無敵無知

當有人向我們提出了非常有理、基於事實、很有說服力的好論據，但我們卻接著給出類似像這樣的回答：「我還是不相信。」「不管你說什麼：我還是沒有被說服。」或「這一切並未證明什麼。」我們就是在使用這個「無敵無知」技巧。

雖然我們內心應該知道他的論據很好、令人信服，但我們就是不承認。對方能怎麼樣？他也沒辦法逼我們贊同啊。而且他也不知道我們其實已經被說服了。很壞嗎？

是的！有效嗎？絕對有效！

中斷技巧 4 相對主義

愛因斯坦證實，在物理的範疇裡，一切都是相對的。這個洞見也可以用來迅速結束不愉快的討論。以下句子你一定很常在生活中聽到：「那是你的意見，我有我的意見，我們不需要再多討論什麼。」

這個看似簡單的說法背後，隱藏著一個深入的哲學觀點，意即意見與價值都不是絕對的，不能互相比較——每種價值態度都有其合理性，這又被叫作「價值的相對主義」。從哲學角度來看，價值相對主義和道德相對主義有其弱點。一方面是它視自己為絕對，因此與其思想自相矛盾。另一方面，道德相對主義忽略了一個事實，亦即有些道德立場就是比其他的還要薄弱。[28]這種相對主義的說詞很有效，因為百分之九十九的人無法為絕對的價值體系辯護，只好屈服於價值相對主義。對我們來說是好事！所以把它記起來！

中斷技巧 5 我的最愛

我最愛用這個技法來封鎖批判性詢問和延伸討論。嚴格來說，這個技巧屬於格言論證的一種，但是它非常特別，而且也很簡單，所以我想用把它放在獨立的這個段落討論。所以我最喜歡的這個技巧是什麼呢？我只說：兩個字：「就醬！」或者更清楚一點：「就是這樣！」標準的話來說：「事情就是這樣！」

極少數人會繼續追問下去。我說了「就醬」以後，百分之九十九的討論都會結束。純粹從論證理論來看，「就醬！」是一種「乞求論點」（Petitio Principii），一種典型的循環論證。我把應該要加以證明的論點預設為理所當然，不加入新資訊，而是加強（重複）已經說過的論點。所以我的論證就是在繞圈圈。

為什麼這個極度簡單的技巧會這麼有效，答案在格言論證那個段落可以找到。

以上「十大操縱技巧」在真實生活中的例子請見

www.mediathek-der-manipulationen.de

第二部

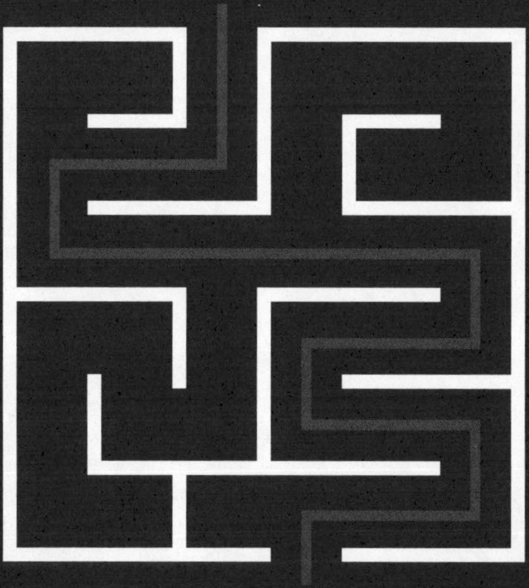

辨識與超越
3種暗黑說話術

所有暗黑說話術的技巧可以分成三大類，而這個分類又是源自事情的本質。因為在每個言語行為進行的過程中，有三種要素扮演著重要的角色，第一是處理訊息的大腦，第二是表達訊息的措辭，第三則是實際表達的內容。這三種變數——大腦、措辭、內容——會決定我們如何去理解一項訊息。對操控者而言，好處在於，這三種變數中的任何一種都能夠被操控。

三類暗黑說話術

1. 認知偏誤（操控感知）
2. 語言圈套（操控措辭）
3. 謬誤（操控理由）

大腦會受到認知偏誤的操控。這些偏誤是由錯誤的感知、思考和判斷所造成。其中的光環效應，我已經在十大技巧的章節討論過了。當然還有很多其他種偏誤。本段落即將解說跟日常生活最息息相關、最吸引人的幾種。

表達時巧妙運用的言語措辭，也能協助你操控他人。比如說在十大技巧章節我已經教過了「重複」。當然還有許多其他語言圈套，最有效的幾種你會在接下來看到。

最後，我們當然也能透過有破綻的理由，也就是謬誤，來進行操控。其中有些我同樣已經在十大技巧的章節討論過，例如訴諸權威或訴諸多數。本章也將解說日常所需最有效的謬誤。

1 招數一：認知偏誤

大腦是我們用來想像自己在思考的器官。

——安布羅斯・比爾斯（Ambrose Bierce）

「認知」這個概念指的是所有透過理智獲取的東西。認知偏誤即是不正確的感知、回憶與思考，也就是不正確地處理訊息和知識。簡單來說：認知偏誤是我們大腦的軟體出錯。而如同電腦程式的漏洞一樣，大腦軟體出錯的地方也可能被「駭」。

大腦應該是我們最大的驕傲。因為它，我們才把自身這個物種稱為「智人Homo sapiens」（有智慧、理智、聰明的人）。我們的智力獨一無二，但它完全不會出錯嗎？絕對不是的！

即使你從來沒聽過「認知偏誤」這個概念，在日常生活中一定也遇過許多感知和思考上的錯誤。典型、容易解釋的案例就是，我們在喝了酒的狀態下，會覺得別人比較好笑、比較有吸引力。較為眾人所熟悉的感知偏誤還有像是魔術師耍了一些花招，把觀眾的注意力轉移到其他事情上。

然而日常生活中還有無數非常細微的認知偏誤在發生，而且完全沒有被我們意識到。狡詐的人可以利用那些認知偏誤來操控我們，把我們引導到他希望的方向。

因此，藉由認知偏誤這項工具進行的操控特別有效，因為大多數人對此現象一無所知。而且連那些少數對認知偏誤有所瞭解的人，也覺得雖然其他人會被其影響，但他們自己的思考和感知是能夠免於錯誤的——結果就是，我們能用認知偏誤來操控所有人。我們只需要在對手身上找到正確的啟動裝置，受害者就會完全照著我們的意思來行動！所以讓我們開始吧，按下正確的按鈕！

偏誤

1 優於常人的幻覺

所有內心喜悅和歡快出現的原因都是，
擁有那些相較之下可以讓我們覺得自己比較優越的人。

——湯瑪斯・霍布斯

優於常人效應（Above-Average-Effect），或又稱達克效應（Dunning-Kruger-Effect），[29]描述的是許多人認為自己比大多數人還要優秀的情況。而這樣的假定又遠比我們以為的還要更普遍。

許多問卷調查顯示，大部分受訪者認為自己是優於常人的汽車駕駛；大多數男性形容自己是優於常人的好情人；大部分律師覺得自身成就優於常人；大多數外匯經理人覺得自己優於常人地成功；大多數老師覺得自己優於其他老師。例子還很多。

原本我不太相信這件事。大部分的人看起來其實都相當謙虛啊，而且通常也沒有特別突出。我在我很多課程上都請參加學員做一項誠實的自我評估。有一份關於同理心領域的刻度表，上面是1到10。我說5代表同理心位於平均值，1表示毫無同理心，10則代表他是世界上最有同理心的人。

沒有人給自己10分。這我有預料到。但也沒有人給自己低於6分。平均值落在8分！我簡直不敢相信，我周遭怎麼可能全是具有高度同理心的人。在其他九堂新開的課程上，我又重複做了一次這個實驗，一再得到類似的結果。

這讓我感到好奇。後來我在每堂課上都進行類似的問卷調查，發現來找我上課的人——根據他們的自身說詞——在溝通、修辭、妙語、談判、論證等領域，都比常人還要優秀！

在我繼續把手指指向別人之前，我也講講我自己優於常人的幻覺，這樣可能會比較公平。二〇〇八年我第一次（當然也是最後一次）跑馬拉松，我本已長年練羽毛球，贏過很多場比賽，固定去練球，而且覺得自己體能絕佳。我當時的女朋友提議一起跑馬拉松，我馬上就答應了。我提前四週開始訓練——我的目標是完賽就好，時間不管。這我一定辦得到的——我體能這麼好。至少我是這麼認為。

實際情況當然就不一樣了。跑到三十公里時，我必須坐下來休息十五分鐘。從第三十七公里開始，我改採烏龜步態。最後跑了五個多小時之後，我全身虛脫地抵達終點，被其他兩萬三千五百九十七位跑者超越。這讓我很痛苦。不只是身體上。

事實是，大部分人會的事情不多，我們通常有一兩件事做得比一般人好，因為已經學了或練習了很久，然後我們透過那些事情產生自我認同。而那些我們不會的事情，則被我們所忽視。就像我的例子一樣。

優於常人效應在智力領域最為明顯。大部分人都覺得自己比一般人還要聰明，而這並不是現代社會才有的現象。過去每個時代的大哲學家都注意到了這個高估自身能力的情況，例如笛卡兒就寫過：「世界上沒有什麼東西能像認知能力一樣分配得這麼公平，因為每個人都相信自己擁有足夠的認知能力。」[30]拉羅什富科也說過類似的：「每個人都在抱怨他的記性，但沒人在抱怨自己的認知能力。」[31]

我也不斷觀察到，不管什麼學歷或年紀的人，在評斷自身的聰明才智時，都對自己極度慷慨。

自利性偏差

另外有一種認知偏誤也跟優於常人效應類似，就是自利性偏差（self-serving bias）。這個概念在描述人傾向於把成功歸因於自己，失敗則歸咎於外在環境。在法律界有個顯著的例子：如果某位律師打贏了一場官司，那是因為他的能力和他開庭時使用的策略。同樣這個律師如果輸了官司，那問題就是出在法官、不合作的當事人、說了不利證詞的證人——問題絕對不是出在他身上！

這項認知偏誤非常普遍，我也不能倖免。若我在某場辯論比賽獲選為最佳辯士，當然就是因為我傑出的辯論表現。而當我在總決賽失利，那就是因為裁判誤解我的意思。後來我才漸漸瞭解，失敗的原因並不是在裁判身上。

領導階層也會做類似的事情：如果公司運作很成功，那是因為他們做出絕佳決策；如果公司虧損，問題就出在員工不積極，沒有正確執行決策。在應徵者身上也能發現同樣的效應：如果被錄取，就是因為自傳寫得很好；如果沒被錄取，那就是因為面試官問的問題太愚蠢。

我很確定，如果你誠實面對自己，你也同樣會在生活中找到很多你成為自利性偏差受害者的例子。

但是為什麼我們會被大腦如此操控呢？或許，優於常人效應與自利性偏差也許有其道理。

其實我們可以這樣看：這些機制可使我們遭逢失敗時不至於陷入絕望，不會阻礙自己進步，給予我們自我價值感，讓我們變成更知足的人，能夠保持動力，繼續前進。知足的人心理狀態比較健康，比較長壽。

優於常人效應要怎麼用來操控別人？

我們當然想要利用這些知識來影響別人。這裡同樣有兩個面向：

1. 對稱讚更加缺乏抵抗力：如果某個人覺得他比一般人優秀，他是個非常特別的存在，那麼他對於稱讚就會更加缺乏抵抗力。因為每聽到一句恭維的話，他的獨特就得到一次確認，並且被推往更高的層次。假設公司裡有一位同事口才很好。好的操控者會去讚嘆那位同事的口才，好把下次開會時要做的報告推到他身上，比方他會說：「我做的報告永遠不會像你做的那麼好——所以就請你來吧！」

相反地，不覺得自己優於常人的人，就會覺得別人的稱讚很奇怪。對於自我感受較為實際的人，會立刻就看出某人在試圖諂媚自己。雖然稱讚還是會讓人感到愉快（先前已經說過），但對他的效果就沒那麼好。對操控者來說，好消息是，這樣的人很少，大多數人都認為自己真的非常特別！

2. 對錯誤更加缺乏抵抗力：如果某個人覺得自己比其他人優越，他就會低估情勢，態度變得狂妄，然後犯錯。就像體育比賽一樣，如果最有希望獲勝的選手低估了他的對手，比賽時並未全力以赴，那就會被打敗。就讓他去覺得自己比較厲害吧！日常生活中同樣如此，職場上也是。舉個例子來說，如果某人覺得他一整年的「表現」都比其他同事還要好，值得加薪，但卻愚蠢地未仔細記下他的成績，以便在年度員工會議上呈現給老闆看。他通常會碰到完全不記得他有什麼優於常人表現的上司……

知名物理學家、諾貝爾獎得主理察・費曼曾經說過：「自己騙自己最簡單不過了。」[32]所以說操控並不僅來自於外人，多數時候我們會欺騙自己，藉此讓自己感覺好過一點。就某種程度來說，這是合理的，我們才不會被過去犯的錯所阻礙，反正事實已定。但如果想要擺脫偏離現實的自我欺騙——這是個人與職涯成長的前提——那就一定要設法對抗優於常人效應。

你可以採用客觀的標準來自我檢視。例如你自認「很會寫作」，那麼請問，除了你媽媽和親近的朋友之外，有人也這麼說過嗎？有懂寫作的人稱讚過你嗎？有報紙登過你寫的文章嗎？有在專業的論壇上接受過陌生人的讚美嗎？

記住

活在自己出類拔萃的幻覺裡，當然會比較開心，但高估自己會使我們產生虛假的安全感，妨礙我們繼續進步。

偏誤

2 確認偏誤

要打破人的偏見比崩解一個原子還難。

——阿爾伯特・愛因斯坦

確認偏誤（confirmation bias）是指人傾向選擇性地蒐集和詮釋資訊，來確認自身想法或期望，而不利或矛盾的資訊則會被忽略。如果我們本來就已經相信某件事情，我們會在所有可能的出版物和媒體上尋找可以證實我們看法的東西。

搜尋、評價政治訊息的方式就是很明顯的例子。堅定支持某黨的選民會詳盡去瞭解這個政黨，閱讀親該黨的文章，相信該黨候選人在電視上說的話。他很少會看立場偏左的報紙或其他黨派的新聞。

為了達到政治宣傳的目的，這個效應在冷戰和熱戰時期又更加顯著。我出生在烏克蘭，而當今在俄羅斯電視頻道上觀看有關「烏克蘭衝突」的人，會不斷聽到烏克蘭軍隊對待平民百姓是多麼殘酷，而且烏克蘭沒有遵守和平協議。而看烏克蘭電視的人則會不斷聽到俄羅斯軍隊對待平民百姓是多麼殘酷，而且俄羅斯沒有遵守和平協議。

如果某人在衝突發生前就已經選邊站好，那麼他就會收看支持自己看法的頻道、閱讀支持自己看法的報紙。這就是確認偏誤：不去看客觀事實或對立觀點，而是去找（通常是無意識地）證實自己想法的資訊。

若你想要盡可能對於情況做出實際的評估，或者擁有包容其他想法的態度，可以採用和上述內容相反的處理方式。然而當我在課程上請學員為某個和他們自身看法不相符的論點辯護時，大多數人都說：「我沒辦法！這完全不是我的觀點！」

絕大多數人都不願意接觸相反論點，人都比較想待在思想上的舒適圈，重複多年來的想法。

這個情況當然沒有發生在我身上。我有十多年參加辯論比賽的經驗，比賽時會抽籤決定己方立場，然後就必須為抽中的立場辯護，不管那個觀點跟自己的一不一樣。所以我已經習慣為對立的觀點辯護了——而且我可以說，對立觀點有時候甚至比自己的還要有道理！

然而大部分人並沒有這樣的經驗，因為多數人都活在所謂的回聲室裡。他們會去找能跟自身看法產生共鳴的朋友，「異議分子」的觀點和其他看法永遠聽不見。如果真的有干擾回聲室的人出現，那個人通常會很快地被退群、被排除。

不久前就發生過這個情況。有些我認識的人在取笑寫錯字的人，顯然他們看到別人寫錯字覺得很興奮，想要來娛樂一下，所以就說社會底層的人很愚蠢。而我當時是第一次被邀請進入這個團體，我提出反對意見說，社會上有些人比較弱勢，他們的拼寫能力比較弱，主要是因為他們缺少受教育的機會。然後，我就被斜眼看待了，我簡直可以看到他們的臉上寫著：「他在講什麼鬼話！他不適合我們！」那次之後，我就再也沒被那個小團體邀請了。

確認偏誤要怎麼用來操控別人？

瞭解確認偏誤效果的人，可以跟著三大策略來操控「受害者」：

1. 鏡射內容：首先，操控者絕對不會反駁對方說的話。就算他持相反觀點，他還是會完全鏡射對方的意見，藉此迅速建立起好感（關於鏡射效應，請參見前面的描述）。因為認同我們的人，會被我們覺得比較值得信賴、比較討人喜歡。

2. 強化現有的錯誤：其次，熟練的操控者呈現訊息的方式會是，他故意不點出某個現有的錯誤，並且還進行強化。他說我們是對的，雖然他知道我們是錯的，而且他會從我們的錯誤獲益。舉個例子：一位當事人去找一名律師處理一個毫無希望的官司。這名律師沒跟當事人說這個官司必輸，反而很有自信地答覆他：「我們告！如果必要，就一直上訴到最高層級的法院！」對律師沒差啊，不管官司輸贏，他都一定拿得到酬金，形式可能是業務費、訴訟費之類的。（順帶一提：律師可能會反駁說，當事人是那麼相信自己的看法，容不下相反意見，所以律師也只能認同當事人說的話。然而他們真的別無選擇嗎？事實上律師通常只是不想失去當事人，所以一般都會奉承當事人。）當然這裡的律師只是舉例，在每個行業裡，都可以為了自身利益而利用他人的錯誤，強化對方的錯誤假定。要命的是，若要事後證明某人真的利用了他人的錯誤，這太難了，因為一定找得到聽起來還算合理的辯解理由。

3. 用良好的第一印象迷惑他人：第三，他會使用另一種認知偏誤來進行操控。這種認知偏誤和確認偏誤類似，但強度又更大。它叫作「首因效應」（primacy effect），形容大腦第一次接收到的信息，將會影像後續的印象。

心理學家所羅門・阿希（Solomon Asch）曾經於一九四六年進行過一個經典實驗。假設你必須評價一個人，而實驗者告訴你這個人的特質是：聰明、勤奮、衝動、挑剔、頑固、善妒。受試者看到這些性格特質，多半會形容那個人很聰明。同時另一組受試者則是得描述一位有著這些性格特質的人：善妒、頑固、挑剔、衝動、勤奮、聰明。第二組受試者的形容是那個人很難搞。現在你應該注意到，那六個形容詞完全一模一樣，只是順序相反。阿希首度發現——此後也不斷被許多實驗證實——第一個聽到的字詞和第一印象，對我們的影響最強，而我們會根據第一印象來詮釋所有其它東西。這當然又是確認偏誤在作用。

我以前參加演說比賽的時候，很常體驗到這個情況。講者如果開場說得好，大眾就會對他留下深刻印象；就算之後的演說表現一般般，他也會得到高於平均水準的評價。

直覺上我們都知道第一印象非常重要。也許你已聽過這句話：「人跟人之間的第一印象，沒有第二次機會。」然而，「只是知道這個原理」跟「為了一己之利有意識地運用這原理」，中間有著很大的差異。

擺脫確認陷阱

我們都知道，如果別人給的回饋是有建設性的，那是一件很棒的事情。對嗎？其實不完全對。因為我們比較喜歡接受符合自我意象的反饋（這點要感謝確認偏誤）。我們不僅認為「認同我們看法的言語」比較值得信賴，而且會把它放在記憶裡比較久。跟自我意象不相符的反饋則很快會被視為不可信，然後置之不理。[33]

因此，我們一定要走出由同儕組成的回聲室，在回聲室裡的人都跟我們持相同意見。要如何做呢？除了和新認識的人交談、閱讀其他立場的報紙，你也可以主動尋找跟自身看法相反的觀點——自己扮演「魔鬼代言人」。想起好的反駁論點之後，就開始著手研究，並認真看待支持反面立場的證據。

確認偏誤讓人不去看客觀事實與對立觀點，而是去找能夠證明自己是對的訊息。

因此，想要避免確認偏誤，就應該要採取相反的處理方式。

偏誤 3 注意力偏誤

人經常要看了某樣東西上百次、上千次，才眞正看到第一次。

——克里斯蒂安・摩根斯坦（Christian Morgenstern）

注意力偏誤指的是人通常會感知到自己想感知以及注意力所在的事物，不管那件事重不重要。

大猩猩實驗（**Monkey-Business-Illusion**或**Gorilla-Experiment**）是一項最經典的實驗。我先不要在這裡爆雷，你最好先上我們的線上平台 **www.mediathek-der-manipulationen.de** 看一下這部簡短的影片——保證好玩。[34]

基本上我們都知道，我們所感知到的現實只是極小一部分，並非全面。但大多數人都低估了那個被感知到的部分有多小——以及如果只讓某人接收到整體事實的特定部分，他又會有多容易被操控。

我們舉一些媒體上出現的例子：鯊魚攻擊人的新聞都會被報導得很誇張、詳細，讓我們覺得鯊魚攻擊很有可能發生，而且發生的機率很高。一年因鯊魚攻擊喪命的人數平均是十人。然而一年因為受到蜜蜂、狗或馬攻擊而喪命的人數則為鯊魚攻擊的四倍，但報導這類新聞相較之下就沒有那麼引人注目。從大白鯊系列電影出現之後，被鯊魚攻擊致死就成了世人最新的原始恐懼。

還有一個媒體不斷希望我們注意的原始恐懼，那就是遭到恐怖攻擊而死。全世界每天大約有八十人死於恐怖攻擊，全球的新聞都會報導。但是死於饑荒的人呢？每天平均有超過兩萬人死於營養不良。這個情況理論上是可以避免的，但因為世人幾乎不知道這件事，所以大部分人也就沒著手處理。

這項偏誤名叫「可得性偏差」（availability bias），是注意力偏誤底下的一種類型：提供給我們的資訊（特別是由媒體），會讓我們覺得它特別重要，且會影響我們的決定。謬誤：只因為接收到了某些特定資訊，並不代表它們就是據以瞭解某件事的重要訊息，也不代表那件事的意義有多重大。

然而導致注意力偏誤發生的並不僅是媒體。我們自身的期望也決定了哪些東西會被我們注意到，哪些又會完全被忽略。

有一項關於這種選擇性感知的經典實驗，就是前面已經提過的大猩猩實驗（現在你還有最後一次機會在我們的線上平台不帶任何成見地觀看那部影片——因為緊接著分析和詮釋就要來了！）影片裡說話的人請觀眾把注意力完全放在那些女生傳球的過程，然後我竟然沒看到大猩猩就出現在畫面正中央！而且有很多人跟我一樣：在事先不知情的情況下，大約一半的人都會漏看那隻猩猩。這其實真的令人難以置信，那隻大猩猩就在畫面正中央，而且還搥胸！

而就算事先知道大猩猩會出現，在這項實驗的後續版本中，許多人還是會受騙上當：背景布幕的顏色變了，而且身穿黑衣的女演員消失了。實驗發想者丹尼爾・西蒙斯對此有個貼切的說明：「你在找大猩猩的時候，就錯過了其他重要的事。」

錯過重要的事？這經常發生在我們身上。還有一項於二〇〇七年在美國華府進行的實驗也很有啟發性——主角是知名小提琴家，他受到萬眾矚目，拿過所有想得到的獎項，曾和全世界最頂尖的交響樂團一起在座無虛席的演奏廳裡演奏。實驗人員讓他於早上通勤時間戴著棒球帽、亂穿一通，站在華府的一個地鐵站演奏。然後發生了什麼事呢？

你覺得呢？人們會停下腳步嗎？會有很多人認出約書亞・貝爾（Joshua Bell）嗎？國家交響樂團的指揮里歐納・史拉特金（Leonard Slaktin）事前猜測：「一千人裡面大概會有一百個人停下來聽他演奏吧。」

貝爾帶著他那把價值高達數百萬歐元的斯特拉迪瓦里小提琴走進地鐵站，然後開始演奏。三天前，他才剛在波士頓歌劇院登台演出，門票全數售罄。現在他開始為通勤的乘客演奏難度極高的曲目。大家的反應如何呢？

嗯，從他身邊經過的一千多人當中，只有七個人停下來，然後只有一個人認出他是誰。表演的四十七分鐘內，他賺到了三十二點一七美元，另外還有二十美元是一位認出他的女士給的——而三天前，想要聽他演奏，一張票可是超過一百美元。另外，幾乎所有丟零錢給他的人連停都沒停下來就繼續往前走。所以他們投錢並不是因為音樂，而是同情。

因為我們根本不會預期明星小提琴家會出現在地鐵站，所以注意力一秒都不會放在他身上，雖然他就站在我們身邊。我們都是帶著狹窄的視野在過生活。注意力總是只會放在預期會出現的東西上，所有不存在這個狹窄範圍的東西都會被剔除、不會被注意到、被認為不重要。有趣的是，每個人對於「最重要的事」都有自己的看法，也不會意識到自己眼中的現實只是事實全貌的一小部分。

用注意力偏誤來操控別人

想操控別人，就要把他們的注意力轉移到對自己有利的事情上，避免讓他們知道事實全貌。

我還清楚記得我拿到第一筆大案子的時候，對方遞給我一份超過二十頁的合約。那是一家跨國企業，對方跟我說：「所有重要的內容都在第一頁上，後面的頁數不用理會，都是一些不重要的交易條款，對你不重要。」

當然，第一頁的架構真的很清楚，用大寫字母和表格，讀起來很流暢、舒適。第二頁開始的一般交易條款字就很小，用法律術語撰寫，而且有些條款連我這個通過兩階段法律國家考試的人，都還得先思考一下是否有違法之虞。

幸好我還在讀法律系的時候就被告誡過無數次：「沒先看過一般交易條款，就不能在任何重要文件上簽名。」所以我跟對方說：「如果條款不重要，那就乾脆刪了吧？」他迅速回：「當然不可以！合約裡一定要附條款。」我接著說：「那它們就不是那麼不重要了。我需要時間從頭到尾看過一遍。」然後我花了一個小時仔細閱讀，真的找出一些我無法接受的佣金規定，我們後來又修改了一下。

然而「把對方注意力轉移到對我們有利面向」的這個手段，並不僅適用於談判，在網路上也可以利用注意力偏誤。舉個例子來說，假設你想上傳一部影片到YouTube，並且希望能在最短時間內累積到最多點擊率。其中一項關鍵要素就是，縮圖（就是影片上讓人點的那張小圖）要抓住YouTube使用者的目光。這裡有一些操控技巧，用了之後，連糟糕的影片都可以有很高的點擊率。如果想要吸引注意力，縮圖應該要：

- 出現人的臉，最好跟觀眾有眼神接觸（相較於物品，我們對人臉會比較有反應——別人看著你，你也會想看著他。）

- 傳遞出強烈的情緒（觀眾被情緒渲染，點擊影片的可能性會比較高；如果沒有情感連結，就比較不會去把影片點開。）
- 使用顯眼的背景顏色（因為YouTube背景是白色的，縮圖顏色顯眼，在畫面上就會比較突出。）

如何避免自己變成「受害者」？

身為演說教練，我經常發現，我的客戶在練習演講結束、進行自我檢討的時候，只會把注意力放在某個特定面向，所有其他的都忽略。

- 例①：一位外在表現對他極度重要的客戶在進行自我評估時，只會注意肢體語言和聲音語調面向。而說話內容，也就是論證本身，則不予理會。
- 例②：一位極度內容導向、只注重演講內容邏輯的女性客戶，完全沒關注傳統的演說面向（肢體語言、聲音語調）。

• 例③：一位客戶只提出他做得不好的幾點。然後當我問他在自己的演說中哪裡做得不錯，他說：「我不知道耶……完全沒有？」

簡單來說，如果只把注意力放在內容上，那就經常會忽略專業的肢體行為，反之亦然。而如果注意力都集中在負面問題上，那就完全不會注意到自己做得好的事情。

如果想減少注意力偏誤的發生，那麼在做一件事之前，就應該把許多重要的準則界定好，接下來，所有這些準則都應該要注意到。如果有機會，理想的情況是不要自己一個人練習，而是接受專業教練的幫助。

當然我們也可以藉由注意力偏誤來正向操控自己。如上「例③」所述，有些人只會把注意力放在不成功的事情上。就是在這些人身上，我看到了最大的不安全感以及最嚴重的怯場問題。如果一個人只專注於自己的弱點，自信心就會遭受到極大的傷害。發展出更多自信的技巧在於，把焦點放在你擅長的東西上。短期之內你的表現還不會有所改變，因為你只是改變了內心的態度，但到了中期，因為你持續把焦點轉移到正面的事物上，用比較好的態度看待自己，內心批評的聲音逐漸消失，所以自信心會慢慢增加。特別是對自我批判和完美主義型的人來說，這個方法一開始會很困難。但卻是有用的！

你是團體領袖或公司領導階層嗎？那你就一定要知道，這個技巧在你的員工身上也很有效。你必須要把焦點放在員工做得很好的事情上，並且讚美他。如此一來，他的自信心和動力都會增加，他會付出更多努力，身為領導階層的你，會從他身上得到比以往更傑出的工作成果。

記住

想操控一個人，就只讓他看到整體現實的特定部分。

偏誤 4 認知失調

說了A的人，不用再接著說B。他也認得出來A是錯的。

——貝托爾特・布萊希特

「認知失調」這個概念聽起來很複雜，但它其實只是在描述一個很簡單的心理問題，意即內心感覺到矛盾：「當一個人的認知（感知、想法、意見、態度、願望或意圖）彼此未處在協調一致的狀態時，內心的矛盾感就會出現。」[35]內在矛盾出現時，會很自然地讓我們有不舒服的感受，促使我們調整自己的態度或行為，以消除矛盾感，恢復認知的平衡與和諧——亦即減少或消除認知失調。

離我家大約二十公尺的地方有一家披薩店。雖然我一直想少吃點披薩，但我不喜歡自己做飯，還要花時間。花個五歐就能迅速吃到一餐，真的好誘人啊！我腦中的這個緊張狀態，可以用兩種方式消除：

1. 我可以改變我的行為，不吃披薩。
2. 我可以為我的行為辯解。我對自己說，我偶爾可以破例吃個披薩。況且是誰說披薩對身體有害的？不過就是一點餅皮、一點起士、一點洋蔥和義式臘腸，也沒有到那麼不健康吧！

我比較可能選哪個呢？這個問題根本就不用問。改變行為很困難，而且很累；為自身行為辯護並藉此減少內心失調狀態，就簡單多了。一開始不健康的披薩，到後來變成很正當的一餐。

人類極度擅長自己騙自己，快速消除內心的矛盾。抽菸的人都知道抽菸會危害健康。「沒關係啦，更重要的是抽菸可以讓我冷靜下來——而且短暫但快樂地活著，總好過活很長但不快樂！」你討厭你的工作，內心其實已經辭職不幹了，但還是每天照去公司上班。「沒關係啦，這樣我就沒有白念大學——而且我已經投入那麼多時間和精力在這間公司裡，離退休還有幾年，撐下去，就快結束了。」你在爭論時說不出適合的論證嗎？「沒關係啦：我只是一時想不到正確的論點——而且我的觀點不可能有錯啊——完全不可能是錯的！」

在改變錯誤的行為之前，我們會想先為其辯護。這樣簡單多了。

雖然認知失調的概念直到二十世紀中期才被理論化——源自美國心理學家利昂・費斯廷格（Leon Festinge），但兩千五百多年前，就已經有消除失調的想法了。比如說它就出現在希臘詩人伊索（應該是生活於西元前六世紀）一則名叫〈狐狸和葡萄〉的短篇寓言裡：

一隻正在找尋獵物的狐狸發現前方有一株葡萄藤攀在高牆上，上方葡萄結實纍纍。看起來很好吃，但很難摘。

狐狸躡手躡腳地在四周走來走去，想找到最近的入口。都沒有！連個縫隙沒看見！

爲了不要在樹上的小鳥面前出糗，他掉頭回去，露出鄙視的表情說：我爲什麼要花那麼多力氣？

那些葡萄酸得要命，根本吃不下去……[36]

關於認知失調的經典實驗

有個經典的實驗，發想人為利昂・費斯廷格和麥瑞爾・卡爾史密斯（J.M. Carlsmith）。[37]他們請兩組學生各自做一件很無聊的事情長達一個小時，也就是把一塊平板上的小木塞逐一旋轉九十度。乏味透頂。最關鍵的差別是：其中一組受試者可以得到二十美元，另一組只有一美元。

做完這件事之後，這些學生必須要跟在外面等待的其他學生說這項工作很好玩，你們一定也要做做看。最後，受試學生還要填寫問卷，評估一下自己覺得這件事有多有趣。不可思議的事情發生了：兩組學生相比，說這件事比較有趣的，竟然是得到一美元的學生，而不是得到二十美元的學生。

根據費斯廷格和卡爾史密斯的解釋，原因其實很簡單：得到一美元的那組說了謊。他們說謊的原因，是想降低腦中形成的認知失調感，因為他們已經做了那件事，也已對在外面等待的學生說了謊，所以他們也只能再繼續改變自己對那項無聊任務的態度，讓自己感覺好過一些。這些學生是在替那項無聊任務裹上糖衣，有點像寓言裡那隻說葡萄酸的狐狸。

至於為什麼得到二十美元的那組沒有感受到認知失調，費斯廷格和卡爾史密斯也提出一個很合理的解釋：這些學生的動力受到一個外界刺激所激發，也就是那二十塊美元。這些錢對那件無聊的任務起了補償作用，所以這組受試者沒有感受到認知失調。

為了不要感覺到內在矛盾，我們會透過重新詮釋外界情況來消除內在的認知失調。而這樣的重新詮釋，通常就等同於自我欺騙。

如何透過認知失調來操控別人？

重點在於：用人為的方式，讓失調在「受害者」的腦中形成，然後促使他完全照我們的意思去降低那股失調感。具體是要怎樣進行呢？這裡有幾個例子：

- 插足入門技巧：我們想要讓自己的行為前後一致。當我們說了A，內心會覺得需要也說B，不然就會覺得不連貫。所以，多虧了認知失調，插足入門技巧才會這麼有效。在這裡我們可以回想一下那個先貼小貼紙在窗戶上，後來在前院放置「小心駕駛！」大招牌的實驗。（見第57頁）
- 低球技巧（Low Ball Trick）：這在汽車銷售上尤其著名。賣車的人一開始會先向顧客提一個較低的價格，等顧客在心中決定要買這輛車之後，再用各種理由把價格提高。因為顧客會想避免認知失調，意即不想違背原本要買車的決定，所以最後他會付那些「突然」出現的額外費用。同時他會在內心說服自己那些額外費用沒什麼，好讓自己不要感覺起來那麼愚蠢。

低球技巧當然不只在銷售場合有用，在日常生活中同樣有效。在一項實驗裡，[38] 實驗者問學生要不要參加一個早上七點開始的研究。只有百分之二十四的學生願意。在第二組中，問了學生同樣的問題，但這次沒有提到時間，因此獲得百分之五十六的學生同意。他們答應之後，實驗者才向他們坦白說研究是早上七點開始——而且他們還可以回絕。但很少人反悔他們之前答應的事（「說了A的人也要說B」）。到了研究當天，幾乎所有人（百分之九十五）都真的一大早就出現了。

- 安道拉效應：馬克斯・弗里施（Max Frisch）的戲劇作品《安道拉》（Andorra）中，主角誤認為自己是猶太人。他不斷在安道拉這個地方遇到關於猶太人的負面偏見，後來他逐漸自己內化了這些負面特質，開始對外展現這些特質。因此，安道拉效應在說的是，人會調整自己，去適應社會賦予他的評價，就算那些評價是錯誤的。

再來一個很棒的實驗。[39]在一個星期之聽聞自己被別人評價為善良、樂於助人的女性，跟那些沒有被告知這些期望的女性比起來，前者會在慈善機構捐比較多錢。她們為了避免自己的認知失調，為了避免和那些形容矛盾，她們甚至連陌生人的評價都接受，並把它們當作行為準則。

認知失調最有名的例子是美國心理學家菲利普・津巴多（Philip Zimbardo）於一九七一年進行、直至今日仍然倍受爭議的史丹佛監獄實驗（Stanford Prison Experiment）。[40]這項實驗用讓人印象深刻但超級可怕的方式告訴世人：人會在極度快速的時間裡，就進入他人賦予他的角色，就接收別人期望的性格特質。

在史丹佛大學的一間地下室裡，津巴多蓋了一座模擬監獄。受試者以丟銅板的方式分為監獄守衛和囚犯兩組。這個實驗原本計畫持續兩週，但才過了短短六天就被迫中止。到底發生什麼事？守衛們穿著制服，戴著太陽眼睛，手持橡膠棍棒。漸漸地，守衛們不只是在「扮演」那個角色，而是把它「內化」吸收了，開始不斷利用他們的權力地位折磨囚犯。實驗進行的第二天就發生第一起大暴動：先是囚犯把囚室的門鎖住，然後守衛用滅火器把冰冷的二氧化碳噴進囚禁室裡，迫使囚犯開門。開門後，守衛逼迫囚犯脫光衣服，禁止囚犯使用廁所，只能在水桶裡解決，還把囚犯的床也搬走。實驗進行中，有時候學者必須插手干預，以避免嚴重的虐待情形出現。共有五位囚犯因為健康因素提前退出實驗（恐慌症、嚴重的皮膚疹、憂鬱症）。

守衛會那麼快融入角色的原因是，他們穿上制服、戴上墨鏡之後，就以集體形式出現，沒有人知道他們分別是誰——然後也有了自行制訂規則的權力。然而最關鍵的因素是認知失調：守衛的任務是維持秩序，必須用嚴厲的懲罰來執行這項任務，接著再為這些嚴厲的懲罰辯護說，他們身為守衛的任務就是要把囚犯完全控制住。

不管守衛的行為在外人眼裡看來是多麼殘忍，守衛的內心都認為自己是在做對的事。所以你只需要把某個人描述成他應該要是的樣子，他——為了符合你的描述——做出必要行為的可能性就會提高。

但安道拉效應也有其極限：描述不可以太過誇張。還有一點必須注意的是：滴水穿石。意思是，如果長期、持續、細微地給予某人（超過幾個月和幾年的時間）某些特質，安道拉效應的成效就會提高。這對於正向特質有效，但不幸地是對於負面特質也有效。

我們接收別人賦予的期待，然後照著那些期待做出行為。為了符合我們新的「自我」意象以及群體的期待，我們會為自己的行為辯護。史丹佛監獄實驗顯示出，為了消除認知失調，人類幾乎什麼事都幹得出來。

偏誤 5 促發效應

一個想法甦醒時，必會同時喚醒其他想法。

——瑪麗．埃布納－埃森巴赫（Marie von Ebner-Eschenbach）

透過Priming（英文字面上的意思是做準備、打底），可以影響他人對於某項刺激的處理（認知），也就是利用之前接收到的刺激，將接下來的聯想引導到特定方向，並藉此進行操控。更簡單地說：先前接收到的訊息，會影響我們對下一個訊息的反應。

對此當然又有一個很棒的實驗。[41]一組受試者被問了以下兩個問題：

1. 您現在多快樂？

2. 過去這個月裡，您的約會次數是？

兩個問題依這個順序呈現時，受試者的答案並不存在因果關係。有約會很多次的人很快樂、很少約會的人很快樂、很多約會的人不快樂以及很少約會的人不快樂。到目前為止，結果都不讓人感到意外。但是，對另外一組受試者進行實驗時，問題一樣，但順序相反，結果就改變非常大：

1. 過去這個月裡，您的約會次數是？

2. 您現在多快樂？

現在這兩個問題之間就有很大的因果關係了，相關係數0.66——這代表，約會次數較多的人說自己比較快樂；約會次數較少的人說自己比較不快樂。第一個（特殊性）問題促發了第二個（一般性）問題。第二組受試者在思考他們快不快樂的時候，就是在依據約會次數來看待快樂。先前的問題影響了下一個問題。

有趣的是，促發效應並不僅在認知層面運作，甚至連精神層面也有。在另一項美國實驗上，[42]受試者受到跟老年人有關的詞語的促發——皺紋、佛羅里達、健忘。跟年紀有關的另一個詞彙「緩慢」並未被提及，但這組受到年齡促發的受試者，在離開實驗地時，跟另一組沒受年齡刻版印象影響的受試者比起來，行動就相對緩慢和困難。因此，言語也會影響我們的精神活力。

最後還有一個很有名的例子，你可以馬上找個朋友試試看（他聽到問題後要以最快的速度回答，而且當然之前不可以聽過這個例子……）：

你：雪是什麼顏色？

你朋友：白色。

你：牆壁是什麼顏色？

你朋友：白色。

你：雲是什麼顏色？

你朋友：白色。
你：牛喝什麼？
你朋友：牛奶。

女孩促發效應：第二次約會的秘密

我年輕的時候，若想在第二次約會時邀請女生到家裡，我就會使用促發技巧。效果真的好到不可思議！

在沒有使用促發技巧的情況下，約會過程會像這樣：第一次在酒吧見面，然後盡可能使用鏡射技巧。如果她喜歡旅行，那我當然也喜歡，我會跟她說我上次在菲律賓的旅行。如果她很喜歡動物，我就說我去過波扎那看野生動物。如果她剛好有考試壓力，我就告訴她我們法律系考試被當的機率超高。如果她的興趣是彈鋼琴，我就起勁地談那首我正好在練的古典吉他曲目。鏡射總是能夠建立起很多好感——絕大多數的情況下（高達九成），女生都會想要再見到我。為什麼鏡射的效果會這麼好，我已經在〈3. 迅速建立別人對你的好感〉那章解釋過了。但是，如果我想邀那位女生在第二次約會時到我家，當然是來吃個披薩，那我幾乎每次都會聽到：「不要吧，我們在外面見好了。我們還不算認識！」

若有使用促發技巧的話，就會有點不一樣：我還是會透過鏡射迅速建立起好感，沒有好感什麼都免談！但我時不時會提到我家，說我很喜歡住在那裡、很明亮、隔壁有一家很好吃的披薩店和一家很酷的撞球酒吧。我偶爾會拿出來亂彈的吉他也在我家。當然，不要一連串把所有東西都講完，而是時不時地放進對話裡，讓我家得到很好的廣告效果，同時又多了很多來我家看看的理由。使用這個促發技巧之後，如果我在第二次約會時邀請女生來我家，答應的機率就是百分之三十到四十！

如果你現在想：「怎麼能這麼陰險呢？這太不公平了！這樣真的不可以！」請各位先生小姐冷靜下來。我想說的是，我們每個人約會的時候，都會使用操控技巧。我是使用鏡射和促發。其他男人是敞篷車或肌肉。女性是貼身洋裝、紅色口紅、性感的高跟鞋，或者其他東西。每個人都運用自己的方法：正面的自我形象、片面事實、恭維奉承和昂貴的服裝。只有沒在操控的人才能指責別人！

無意的促發：課程學員的意願

有時候，人會毫無意識地被促發，每個星期我都親眼見證到這個現象。在我的每堂課上——不管主題是「演說」、「談判」或「妙語」——我都會問學員有什麼希望的主題沒有被我列在課程表上。只要某個人起了頭，說了像是：「我一直都有怯場問題，害怕面對群眾。我報名這堂課是想學對抗緊張的技巧。」你不妨猜猜，其他十位學員比較想要什麼？幾乎所有人（！）都說：怯場對他們來說是很重要的主題。另一堂課上，第一位學員說他特別想要學到「提出有力論證的技巧」，然後幾乎所有人也都想要學關於論證和說服技巧的主題。一百位學員中，只有一位真的在家先思考過他想要上的主題，然後帶著非常具體的清單來上課。

這些例子也告訴了我們為什麼促發會這麼有效。人啊，我們就明白說，一般都有點懶得動腦筋。別人說出口的東西，他們就照著說，因為這樣最方便容易。準備得越完善、越清楚知道自己在某個情況裡想要什麼，就越不容易被他人所促發。

如何用促發操控別人

促發的重點在於，巧妙地散播一些訊息，然後透過這些訊息在他人身上引起某些對我們有利的聯想。

這裡有一個在日常生活中絕對適用的實驗：[43]假設有一個人叫唐納，在此實驗中，會出現一些陳述如：「有人敲門，但唐納不讓他進來。」受試者在看到這句話之前，必須要先記住一些特定的詞彙。第一組聽到的是像「有自信」、「積極進取」一類的概念。第二組要記的則是「侮辱人」、「自負」等詞彙。接下來所有人都要對唐納和上述句子作出評價，看看是正面還是負面。

現在結果幾乎已經不會讓你驚訝了。接受正面概念促發的那一組給唐納的評價是正面的；接受負面概念促發的那一組給唐納的評價則是負面的。

如果想要在一場衝突對話裡讓對方「有理智」，那就事前用「公正」、「解決辦法」、「妥協」等概念在他身上引起促發效應——對方接下來在衝突對話裡也依據那些詞彙做出反應的可能性就會提高。

若你想要在公司做完簡報後，得到比較好的評價，那就事先在中午吃飯的時候跟你的聽眾聊聊另外一場你最近聽到的演講，講者讓你覺得「信心十足」、「口才絕佳」和「超級有說服力」。跟沒有進行這個促發的情況比起來，同事有相當大的可能會給予你幾小時後的簡報較好的評價。

用促發操控自己達成較好的結果

我們也可以自己促發自己。而當然囉，身為天生利己主義者的我們，做這件事當然是為了讓自己從中獲益。怎麼做呢？

在一項實驗裡，[44]研究者讓兩組人分別解兩種不同的任務。其中一組接受「成功」、「獲勝」等正面詞彙的促發；另一組接受「燈」、「綠色」等中性詞彙的促發。當然你現在已經知道是第一組取得比較好的結果。因此，透過正向的自我描述，你可以促發自己達成較大的成就。畢竟促發跟另一個你一定聽過的現象類似，也就是自我實現的預言：一個自己相信的預言，會經由人直接或間接的行為得到實現。甘地說的話很切中要點，照著做吧：

注意你的想法，因爲你的想法會變成話語。
注意你的話語，因爲你的話語會變成行爲。
注意你的行爲，因爲你的行爲會變成習慣。
注意你的習慣，因爲你的習慣會變成你的性格。
注意你的性格，因爲你的性格會變成你的命運。45

偏誤

6 錨定效應

數字是評斷現實的可靠方法。

——列寧

錨定效應（anchoring effect）跟促發效應非常類似，但它跟數字有關，錨點就是眼前的數字訊息。數字給人可靠、客觀、正確的感覺，畢竟我們都知道數學是最精確的學科。這就是為什麼我們那麼容易被數字操控。

這裡同樣有個實驗：[46]假設你在參觀博物館的時候有人問你，願意捐多少錢救援受原油汙染的鳥類。那個人用的不是開放性問題，而是問你一個具體的數目。在舊金山，一群正在參觀博物館的人就被問了這個問題：「您願意捐五塊美金嗎？」結果：被問到的人平均願意捐二十美金。

但在第二次實驗中，研究者是問：「您願意捐四百塊美金嗎？」群眾的反應是什麼呢？震驚？想走？畢竟四百美金不是一筆小數目。但是完全沒有。他們的反應很不可思議：第二組被問到的人，平均願意捐一百四十三塊美金。比第一組整整多了一百二十三美金——而這只是因為另一個錨點！

錨定效應——是誰發明的？

錨定效應最早是由研究學者阿摩司・特沃斯基（Amos Tversky）和丹尼爾・康納曼（Daniel Kahneman）在距今不到五十年前於一項我最喜歡的實驗裡提出來的。[47]他們請受試者旋轉命運轉盤，轉盤上有數字一到一〇〇，但轉盤被設計成只會停在十或六十五。接著他們問受試者：有百分之幾的聯合國會員國在非洲？如果轉盤停在十，受試者平均會估計非洲國家占聯合國會員的百分之二十五。如果轉盤停在六十五，那麼受試者平均會估計有百分之四十五的聯合國會員是非洲國家。轉盤停留的這個「隨機」數字，跟之後的問題一點關係都沒有，卻對受試者的答案造成極大的影響。受試者估計出的數字會接近人為設下的錨點。

專家也會被錨定效應操控嗎？

現在你可能會說：門外漢才會被騙，專家可不會。誰知道非洲國家有幾個？尤其時不時又會出現一些新獨立的非洲小國，而且誰又知道哪些國家根本不想或無法加入聯合國呢？

但是，專家會被騙嗎？我有些朋友是房地產經紀人，我一直很想知道房地產的價格是怎麼決定的？當然，地點是一個重要的因素。還有房子的屋況及其他因素。然而現在一棟位在慕尼黑市中心的房子真的要價一千五百萬歐元，還是其實「只要」八百八十萬歐元，對我來說一直是個謎。

所以我看到這項房地產實驗就更加開心：[48]兩組受試者背景很不一樣，分別是學生和房地產經紀人。研究者分別交給兩組受試者一份十頁的某個具體物件說明，包括替該建築物估價的所有相關資訊（地點、坪數、鄰屋價格、六個月前以什麼價格賣出了哪些地方以及許多其他細節）。說明書上唯一不同的地方在於：最後有另一個標價。兩組受試者也都被載到建築物的所在地，可以「現場」看看那棟房子還有附近的環境。他們所有人也都在同一座城市居住、工作超過五年，建築物也位在這裡（美國亞利桑那州土桑市）。

結果：學生和房地產經紀人都受到錨點的影響。標價低，兩組的估價也都低；標價高，兩組的估價就都高。專家也不過如此。

現在有人可能會說：房地產經紀人？他們根本什麼都不懂！他們不是什麼專家！當然，在沒有受過半點訓練的情況下，每個人都可以說自己是房地產經紀人。很多企業顧問和演說訓練師也是這樣。

那再看看受過多年訓練的專家吧，比如說律師。我自己受過七年的訓練，取得「完全法律人」的資格，可以進入司法機關工作。我想說至少像量刑標準這類嚴肅的東西，應該不可能受到錨定效應的影響吧！位在知識階層頂端的法官在量刑的時候，是不會被隨機數字操控的！真的嗎？

不幸的是，會。在一項實驗裡，[49]受試者是年輕的德國法官，研究人員給所有法官一個虛構事件和一模一樣的罪行，以及所有判決所需的資訊。法官被分成兩組。第一組，檢察官求處兩個月有期徒刑，第二組求處三十四個月。檢察官不同的求刑，會對兩組法官造成什麼樣的影響呢？

檢察官只求處兩個月的那組，法官決定的刑期平均是十九個月。檢察官求處三十四個月那一組，法官平均判刑二十九個月。兩組差了十個月！如果不幸遇到求刑較長的檢察官，就要多在牢裡度過近乎一年的時間！

記住

連受過多年訓練的專家也會成為錨定效應的受害者。

如何用錨定效應操控別人

商人可以在談價時先提一個自己希望的價格。當然這個價格不能太誇張。我們可以估一個對別人來說有點高，但還算可以接受的價格。那個人會想要殺價，但不自覺地會以我們說的價格（錨點）為基準。

如果你是公司領導階層或團隊領袖，你可以藉由預訂季度目標來激勵員工達到特定成果。

這個原理當然也可以運用在私人生活。比如說現在要開始討論假期應該多長，你就可以立刻定錨。如果你的伴侶因為錢或時間因素比較想要只去一個禮拜，那你們第一次討論的時候，你就馬上說：「寶貝，我們什麼要去薩丁島兩個禮拜？」那他最後可能會答應去十或十一天。

偏誤 7 社會認同

我們爲什麼要服從多數人的意見？是因爲他們有理嗎？不是的，是因爲他們更有力量。

——布萊茲・帕斯卡

人類是群體動物。我們雖然不想承認，但卻一直服從多數。我們都有這個錯誤想法：多數人在做的事，一定是對的。所以，想要成功操控某人，掌握多數會是一項重要的有利條件。

有個極有說服力的實驗出自心理學家所羅門・阿希（Solomon Asch）。[50]想像有很多人坐在會議桌旁。研究者讓他們看一張紙，上面畫著長短不同的線。真正的受試者只有一位，他不知道的是：所有其他坐在桌子旁的人都是實驗的一部分，會照研究者的指示行動。受試者會先看到一條線，然後再看到其他三條，他的任務是說出那三條線中，哪條跟最先看到的那條線一樣長。對所有受試者來說，每輪實驗的答案都非常明顯，任務非常簡單。實驗如何進行呢？

實驗一共有十八輪。事先安排的助手被告知要在其中六輪給出正確答案（隨機安插進那十八輪），好讓實驗不讓人起疑。其他十二輪，他們就要故意選錯誤的線。還有一個重要的細節：事先安排的助手都統一在受試者之前回答，而且答案都沒有彼此矛盾。受試者每輪都是最後一個回答。

結果是什麼？大約有三分之一的情況，受試者會附和明顯錯誤的多數意見，雖然他自己清楚知道先前那些參加者給出的評估是錯的——他不想讓自己感覺很愚蠢、被孤立。

之後重複做所羅門・阿希這項實驗的結果顯示，參與實驗的人越多，受試者承受的群體壓力就越大。越多人之前說了某件事，受試者贊同他們意見的可能性就越高。

自從一九五一年這項實驗之後，社會心裡學界進行了許多其他的研究，結果一再顯示出：大部分人的行為會受到多數意見的影響。

在一項研究中，[51]研究人員挨家挨戶請求居民慈善捐款。如果已捐款人的名單越長，被問到的人也捐款的可能性就越高。如果還有朋友或認識的人的名字列在捐款名單上，效果又更強。

而因為我們正在看這本書：還有一項很棒的實驗，[52]受試者會聽到有人念五則正面的書評。如果這五則正面書評從頭到尾是由同一個人的聲音念，受試者對這本書就不會像正面書評是由五種不同聲音念的一樣那麼有好感。但是五則正面書評的內容都一模一樣啊！其實好感度應該是不會有差別的，只因為「社會認同」的群體作用影響，使得好感度改變了。

學者們都不喜歡社會認同

不同時代的知識分子大多對多數意見抱持懷疑態度。比如像馬克・吐溫就寫道：「每當你發現自己跟大多數人站在同一邊，那就是時候修正你的態度了。」[53]席勒說：「多數？什麼是多數？多數是胡扯，理智只會出現在少數人身上。」[54]他的朋友歌德也不太喜歡多數意見：「真實的事一定要重複地說，因為我們四周不斷出現歪理，而且不是由單獨一個人說，而是大眾。」[55]

當然啦，從學者的立場來看，多數人可能是愚鈍的。但若想操控某個人，重點不在什麼東西是真的，而是在什麼東西有效。社會認同就是一個成功機率相當大的機制。

如何用社會認同效應操控別人

有趣的是，社會認同正好是目前大家都很關心的事。它是我們這個時代最著名的認知偏誤。一個新的職種——所謂的社交媒體專家——建議我們，自己的網頁上要多放名人代言或使用者見證；YouTube和Facebook使用者追求的點擊率和按讚數，這就是一種社會認同。網路社群正在社會認同的浪頭上。幾乎每個網頁上都可以看到一些客戶讚美產品的臉孔，然後當然會出現「百分之九十七的客戶會將我們的產品推薦給朋友！」這類的行銷文字。想一想，如果大多數人都支持你，那就不太會有人反抗你的地位。

在資本主義下，金錢似乎可以買到一切的東西，包含按讚數和訂閱人數。雖然大多都是幽靈帳號，但對瀏覽者來說並不重要，重要的是他在你的臉書頁面上看到你有一萬四千八百六十三個人追蹤，就會留下深刻的印象，他會想：「哇！那麼受歡迎，那一定很好！」稍微在網路上查一下，就可以查詢到去哪裡可買到多少追蹤者和按讚數、多少錢。

偏誤

8 樂觀偏見與癡心妄想

一切到最後都會很好。如果不好，那就是還沒到最後。

——奧斯卡・王爾德

大多數人都是樂觀主義者。這意思不是說他們認為世界很美好、很友善、很公正，而是大多數人覺得，跟其他人比起來，自己比較不會遭遇到負面的結果。在這方面，樂觀偏見（optimism bias）和優於常人效應類似：人覺得自己就是跟別人不一樣。典型的例子：人們覺得，自己開車的時候發生車禍的機率比較低；[56]自己應該不會成為犯罪行為的受害者；[57]抽菸的人認為自己不會得肺癌；[58]證券交易員相信自己跟同事比起來，比較不會受到市場低迷的威脅。[59]其實人們都知道風險的存在，但他們也不覺得會發生在自己身上。那問題來了：為什麼我們會這麼樂觀？

答案非常簡單：因為這樣就是感覺比較好。這種失控的樂觀思考模式相當簡單：「我想要X是真的，所以X就是真的。」或者面對風險時：「我不想要Y發生在我身上，所以Y就不會發生。」

我的朋友大部分都快要結婚或已經結婚。當我跟他們提到離婚率數據的時候，他們會揮揮手然後說：「那不會發生在我們身上啦！我們非常相愛，而且百分之百信賴對方！」

其他新婚夫妻就沒那麼相愛嗎？哪對夫妻結婚之初不是深信婚姻會走一輩子？我

倒是想看看，世上有沒有懷抱著「我跟我老婆有百分之三十的機率會失敗！」這種態度走進戶政事務所的新郎。

而因為人們很強烈地希望自己的婚姻會長久，婚姻就一定會長久。這就是典型的癡心妄想。

選擇性感知

我們腦中的另一個偏誤因素也會加劇痴心妄想的情況。當我們在跟其他人比較的時候，腦裡想的通常不是「一般」的人，而是一個超級倒楣鬼。這種選擇性感知會使我們對自己的婚姻樂觀。假設有個人嫁給了一個酒鬼，三年後婚姻失敗了，其他人就會說：「我就知道他們兩個不會成功！但這種事不會發生在我們身上。」我們比較會想到這種極度負面的例子，很少會去跟那些「相當正常」、但婚姻也沒成功的朋友比較。

就算沒有這些讓感知產生偏差的負面例子，相信一些美好的事物就還是令人感到比較愉快。舉個例子來說，我媽媽以前很喜歡說：「俄羅斯人的靈魂是非常、非常特別的。」當然這個想法令人感到很愉快，她覺得自己擁有這個非常特別的靈魂，跟巴西人、英國人和中國人的靈魂完全不一樣。有一天我問她，俄羅斯人的靈魂到底有什麼特別的？從此她就再也沒說過那句話了。我覺得稍微有點罪惡感：我把她多年來覺得自己非常、非常特別的想法給毀了。

利用樂觀偏見和癡心妄想操控別人

很顯然，人類心裡早已相信：跟別人比起來，風險發生在自己身上的機率比較低；我們都想要相信感覺起來好的東西。若要利用這種信念來操控對方，你需要做的就只有加強這個錯誤想法而已。可以用一句「預防性」句子，像是「當然是有一點點風險，但我很確定在您身上，這件事一定會成功。」

一般來說，講完那句話之後，不需要再說為什麼，因為它早已如「信條」般存在於受害者的腦裡，我們只需要再確認一次而已。也可以先準備好一個為什麼事情在對方身上會成功的假理由，以防他問起。

偏誤

9 處理流暢性

最美的語句通常也都是最簡單的。

——亞當・斯密

「處理流暢性」（processing fluency）這個詞對大部分人來說並不熟悉。川普於二〇一六年當選美國總統，這個概念幫了他大忙。「處理流暢性」在描述的現象是：我們的大腦比較喜歡簡單的訊息。

而川普是簡單訊息大師，馬上就進到腦裡的簡短句子大師。根據語言學家的分析，川普用的文法是十二歲學生的程度，單字則是十三歲七年級。而且他知道，他能勝選，必須要感謝那些教育程度較低的人。他在勝選之後曾說：「我愛沒讀過啥書的人。」這是有道理的。[60]川普自己也清楚知道他用的是簡單的語言。這是他成功策略的一部分。

然而不只教育程度低的人喜歡簡單明瞭的東西。簡單、漂亮的數學解法直覺上會被認為是正確的，[61]好讀的句子也是。[62]反之亦然：用潦草看不懂的字跡寫成的作文，老師給的評價會比較低，不管內容寫得怎麼樣。[63]因此，以前我有一位法學教授在國家考試前不斷提醒我們：「答題的時候，字跡要工整好讀，架構要清楚，讓閱卷者在改考卷的時候，可以一邊喝紅酒、看電視。」

說相同的語言

順帶一提，說話時如果有口音和方言，會使聽者難以接收資訊——處理流暢性降低，內容會被認為難以理解，較容易遭到質疑。

明顯的口音會影響老師給分這件事，我十一歲時就親身經歷到。我是在烏克蘭出生的，十一歲來德國的時候，半句德文都不會。

我迅速把語言學了起來，然後馬上就變成好學生，尤其是數學，因為在數學課堂裡我的口音不重要。但是在歷史、政治和宗教之類的課堂上，我有很長一段時間都只拿到很一般的分數。

我當時最好的朋友馬可回答得並沒有比較好，但他的分數一直比我好，因為跟我比起來，他的表達精準非常多——德文是他的母語，而我跟不上。

後來我的德文越來越好，於是我們的分數開始拉近。我的表達越來越精準，成績也越來越讓老師刮目相看。我寫作文的時候還會故意用一些聽起來很厲害的詞彙，最好是放在文章一開頭，好讓老師知道我有多會表達。「模糊容忍度」和「敘事」都算是我當時最喜歡用的詞，於是漸漸我的人文學科也開始得到高分。最後，馬可和我是當年畢業考分數最高的兩個人。但我的老師們到今天都不知道，他們在給分的時候，受口音／方言的影響有多大。

我一開始參加國際辯論比賽的時候，也在英文這件事上遭遇到類似的事情。雖然我覺得我的內容比較好，評審（通常是說英文）還是會把勝利判給英文為母語的人。直到後來，我英文慣用語吸收得越來越多，才漸漸打敗來自哈佛和劍橋的隊伍，成為歐洲最成功的講者之一。

我念書的時候，也不知道母語人士對有口音或說方言的人的歧視有多嚴重，我只知道他們有在歧視。之後我發現越來越多研究，說明了這種歧視。

研究者在一項實驗裡請一位母語人士、[64]一位有輕微口音的外國人，和一位有嚴重口音的外國人念同一個句子，例如「在沒有水的情況下，長頸鹿能走得比駱駝久」。接著其他母語人士要用分數1到10來評判句子的可信度。結果很清楚：跟非母語人士比起來，母語人士得到較高的分數。特別令人難受的是：口音輕微和口音嚴重的受試者，得到的分數幾乎沒有差別，兩組的可信度都偏低。

另一項實驗裡，[65]受試者事前有被清楚告知「本實驗旨在研究說話者的口音會不會影響說詞的可信度」。即使如此，有嚴重口音的受試者得到的分數還是很低（但要補充一下，這裡有輕微口音的受試者，被評估為跟母語人士一樣可信）。

除了處理流暢性以外，說話有口音或方言的人還有一個問題，也就是他們的發音會在別人身上引發文化偏見。[66]一個很普遍的現象是，如果他人不屬於自身群體（不是「我們的一分子」），那我們就會認為他較不可信。

其實根本不用說到外國人。假設一個德國人有很重的薩克森邦口音，那麼他在柏林、漢堡或慕尼黑就會被很多人嘲笑。或者有人在杜塞道夫或斯圖加特說著巴伐利亞方言，也會遭到他人的偏見。我的「消除口音訓練」課堂上常有這種人，因為他們發現自己的口音造成了職場上的不利。

事實是，不管你想或不想，口音或方言都會讓一個人變得較不可信。

如何用處理流暢性操控別人

當一個人不說方言、不帶口音；當他的句子簡短、詞彙簡單；當他的文章清楚、容易（筆跡好讀、對比明顯），他就顯得較為可信，在接收者身上遇到的阻力也會比較小。如果你想操控某人，說詞是真是假沒那麼重要，因為你想要的是，如同叔本華所說的，採用「正當和非正當的手段達到目的」。

偏誤 10 光環效應

美的事物不見得都是好的，但好的事物一定都是美的。

——佚名

在「用良好形象迷惑他人」一章中，我已經簡單談過光環效應了：一個人身上某個正向特質會往其他所有特質擴散，使得那個人整體而言得到一個正面的評價。

許多實驗證實，外表吸引人的人，在所有生活領域得到的評價都會極度正面：他們個性比較好、是比較好的父母、比較聰明、值得信賴、友善、有比較好的工作、在生活中比較快樂、對自己比較滿意。[67]在每個想得到的生活領域，好看的人都有優勢。

比方說我們可以來看一下「聰明才智」這個主題。在一項實驗裡，[68]年輕男性要評估一篇文章寫得好不好。其中一組的文章有附上作者的照片，是一位迷人的女性；另一組是一張其貌不揚的女性的照片，而控制組則必須在沒有照片下評估文章。結果當然是有漂亮作者的文章得到最好的評價。

然而外貌好看不並只對文章有效。許多實驗顯示，[69]在做出相同違法行為的情形下，跟相貌平平的人比起來，外表好看的人在法庭上會比較少被判有罪，就算有，被判的刑期也會比較輕。另外一項研究顯示，外表好看的人被釋放的機會是沒那麼好看的人的兩倍。[70]好看的人要付的賠償金總額比沒那麼好看的人少。但如果受害者長得比被告好看，他的賠償金額就幾乎會到兩倍。[71]誰說正義女神是盲目的！

例子要多少有多少！跟相貌平平的同事比起來，外表好看員工的薪水會多出百分之十二到十四，[72]被雇用的機率也會比較高。[73]不公平的事情還有更多：人會傾向幫忙外表好看的人，[74]也比較會相信他們的意見。[75]

不公平的事情很早就開始了

如果你覺得光環效應是發生在大人的世界，那你就錯了。研究學者已經發現父母對長相不同的嬰兒，會有不同的舉止：大人對「好看」的嬰兒看得比較久、比較常對他們笑。[76]至於什麼叫做好看，大人們意見一致：大大的眼睛、肉肉的臉頰、小小的下巴。還不只這樣：外表好看的嬰兒——跟大人的情況一樣——會被認為具有正面的內在特質：他們比較能跟人互動相處、比較聰明、比較好照顧。[77]

當然這個情況到了學校之後還是會繼續。外表好看的孩子會有比較多朋友、比較早交男女朋友，相貌平平的孩子則會很快被排擠在外，變成獨行俠。這甚至不需要研究來證實，我們在學校時都親身體驗過。

媒體又強化了這個效果。在照片、電視，當然還有YouTube、Instagram上，都要盡可能讓外表看起來吸引人。越來越多人在網路上追蹤外表好看的人，而那些好看的人其實只是在吃東西、逛街、旅行和散步而已。若我們生活中沒有很酷的朋友，那至少在影片裡可以跟迷人的偶像很靠近，讓他們在日常生活中陪伴我們。

膚淺這件事完全沒那麼膚淺

只有膚淺的人才不會根據外表判斷別人。

——奥斯卡・王爾德

「膚淺」在我們的語言裡明顯是負面的：膚淺的人就沒有深度，是個糟糕的談話夥伴，是個無趣的人。但我們已經知道光環效應了，因此不得不說，在我們所謂的知識社會上，原始機制其實也扮演著重要的角色：前人認為，外表好看的人，體格就健康、能力就強。令人驚訝的是，生活在二十一世紀的我們，想法跟老祖宗是一樣的。雖然我們跟石器時代的人比起來，多了音樂、藝術、詩歌與科學等巨大的文化發展，但當我們透過網路交友挑選伴侶時，依舊是看照片，讓古老的演化機制決定我們在極短的時間內想喜歡誰。

反義詞：尖角效應

相反地，一個人身上某個極度負面的特徵，會使他給人的整體印象都變成負面的。如果一個應徵者在面試一開始自我介紹時就說了一項關於自己的負面訊息——比如說中斷學業，這就是尖角效應（horns effect）的經典例子。老闆和人資會把這項資訊投射到應徵者之後講的每一件事情上。如果他說他很常搬家，搭配他中斷學業這件事，就是「證明」他的不穩定性。

如果一個應徵者是以優異成績完成學業，那就比較會被評價為「可造之才」。因此，在第一次面談時，只說關於自己的正面資訊就非常重要。

身為演說訓練師，我就經常看到講者道歉說他沒有足夠的時間準備演講。真希望他不要這樣說就好了。

有一次我自己也遭受到尖角效應的波及。我當時為一家大企業進行為期兩天的主管訓練，一開始第一組八個人，一個禮拜以後第二組另外八個人。第一組覺得訓練內容超好，第二組覺得「很ok」，反應不是非常熱烈。原因？第二組訓練那天，我（不是我的錯）遲到了半小時，讓八位主管等我。我到的時候，八雙極度不滿的眼睛盯著我看。我在訓練時說的笑料，第一組笑得很開心，第二組則只有露出疲倦的微笑。

記住

第一，你在自我批評時要很小心，那會為你帶來負面影響——之後的一切都會變得對你不利。第二，如果有機會寫書，絕對不要提及你曾經遲到過，這種事情大家都會記在腦裡。

用光環效應和尖角效應操控別人

不管在什麼情況下都讓外表好看是很重要的：髮型、體態、衣著，一切都要呈現最佳狀態。無論什麼時候。而且不只在職場，私人生活也是。剛認識新朋友時，應該要讓自己表現得很討人喜歡、很親切，表現出自己最好的那一面。因為對方會無意識地根據你對外表現出來的樣子去推斷你的內在——不管他想不想。

尤其如果你工作上需要，那我建議你盡快去接受專業的形象諮詢和演說訓練。

雖然短期看來是要花一筆可觀的費用，但效果卻是長遠持久的。良好的「形象管理」——如同所有研究證實——會讓你更靠近目標。相關知識可以用一輩子，收獲是投資的好幾倍。

偏誤 11 權威陷阱

很多人不知道自己想要什麼，所以他們就跟隨本能和權威做事。

——康德

我們不是喜歡權威，而是需要權威，尤其當我們不安的時候。而我們經常不安。會這樣的原因是，我們大多時候缺乏足夠的資訊，或不知道要怎麼評價眼前的資訊，所以我們就依賴那些我們認為擁有相關知識的人的意見。

當然對那些想要操控別人的人來說，給自己套上權威的光環，就是一個很好的技巧——讓別人覺得你可以為他們指點迷津。關於人在不安的情況下服從權威（或假的權威）的程度有多少，最著名的是心理學家斯坦利・米爾格倫（Stanley Milgram）於一九六一年在美國紐哈芬市進行的實驗。這項實驗應該跟先前提過的史丹佛監獄實驗一起並列二十世紀最重要的社會心理學實驗，它證明了人會服從權威的指示，儘管它違背我們的良知。

米爾格倫實驗

這個實驗是這樣的。[78]受試者擔任「老師」，還有一位學生——由研究人員假扮的，另有穿著白袍的研究人員負責監督「老師」。若學生答錯問題，老師必須施予電擊。

這項實驗有趣的地方在於米爾格倫的動機。當時納粹政權剛結束，世界上出現了所謂的「德國人不一樣論點」，意指德國人對上級特別忠誠。但這項一開始受試者是美國人（之後在許多其他國家重複進行）的實驗迅速顯示出，所有人，不管是哪個國籍，都會盲目服從（自己認為的）權威。

那麼米爾格倫實驗是怎麼進行呢？學生答錯第一個問題時（配對單字組合），白袍人員要求擔任老師的受試者施予學生四十五伏特的電擊。之後每錯一題，老師必須將電擊提高十五伏特，最高可到四百五十伏特。事實上完全沒有電擊，由實驗人員假冒的學生會隨著伏特數演出特定的行為：

- 一百二十伏特，「學生」會痛苦大叫。
- 一百五十伏特，「學生」會說他想退出實驗，因為再也受不了了。
- 三百伏特，他拒絕回答問題。
- 三百三十伏特，「學生」會靜默，什麼都不說。

重要的是，「老師」（也就是受試者）隨時可以中斷實驗。而大多數老師也都嘗試這麼做，只是態度很膽怯猶疑。實驗人員當然預測到了「老師」會出現這些出於良知的小抵抗，所以他們也有準備。每當「老師」想中斷實驗，實驗人員會說這四句話：老師第一次想停止時，「請繼續。」第二次，「這項實驗需要你繼續進行，請繼續。」第三次，「你必須繼續進行。」第四次，「你沒有選擇，你必須繼續！」實驗人員也預測到了「老師」會問誰要對可能造成的健康損害負責。實驗人員同樣有一套標準答案，即：「一切事情都由我負責。」而當「老師」問起「學生」遭受電擊後，身體會不會留下永久性傷害，實驗人員一概都回：「即使電擊可能會很痛：身體組織不會留下永久性傷害。所以請你繼續！」

而有多少受試者提前停止實驗呢？又有多少老師任憑學生遭到最大電擊強度四百五十伏特？令人不敢相信的是，四十位受試者中，有二十六位真的達到了四百五十伏特，占了百分之六十五！其他十四位則給到了三百伏特——意思是，雖然「學生」不再繼續回答問題，也不清楚他到底死了還是活著，「老師」還是繼續進行。沒有任何受試者在到達三百伏特的界線之前停止——雖然他們已經聽到學生叫著「血管裡的血都凝固了」。

連米爾格倫自己都沒有預料到權威的效果會那麼大，所以他將最開始的實驗做了一些小改變，又重複進行了實驗。最有趣的改變是「老師」和「學生」坐得很接近。在這種情況下，我們會覺得沒人會給到最大強度四百五十伏特。但結果出乎意料。還是有百分之三十的受試者對學生施以最大電擊強度當作懲罰。

還有一點很重要，必須提到：這項實驗是在地位崇高的耶魯大學舉行。除了個人權威以外，機構的權威也會造成影響。在另外一個同樣也是由米爾格倫進行的版本中，實驗人員來自虛構的「橋港大學」，進行實驗的空間很破舊。這次就沒有六十五位，而是四十八位「老師」到達四百五十伏特。

另外在其他實驗版本中，「老師」是男是女都沒有差別。研究人員也在不同文化中進行了實驗——國家與國家之間並沒有顯著差異。

大多數人都會服從於感覺上「值得信賴」的權威，不管權威下的指令會不會對其他人造成傷害，重要的是從權威人士身上感覺到的效果。

職場上的權威陷阱：霍夫林實驗

現在可能有人會反駁說：米爾格倫實驗跟現實生活一點關係都沒有，電擊的情況根本不會在現實生活中出現。好，這裡給你們看另一個著名的實驗，它是在一家醫院進行，符合現實情況，並且根據精神科醫師查爾斯・霍夫林所命名。[79]一家醫院裡，有二十二位護士接到史密斯醫生的電話（假醫生），要求在一位病人身上施以二十毫克未經批准的安慰劑 Astroten。史密斯說自己是那位病人的主治醫師，開藥所需的簽名他之後會補上。藥品包裝上註明的最大劑量是十毫克。根據規定，護士不能透過電話接受任何指示，但即使如此，二十二位護士裡還是有二十一位聽從了這位不認識的醫生的指令，給病人過高劑量的藥。

如何用權威陷阱來操控他人

所有賦予我們權威感的東西都可以用來操控別人。擁有越多權威象徵，效果就越大：一個學術頭銜就非常棒了（史密斯博士）。環境氛圍也會有幫助（例如米爾格倫實驗的菁英大學耶魯）。雖然不是每個人都能到這個程度，但說一下你是從某個知名大學畢業的，就已經有很大的幫助。

而我自己是如何取得權威的呢？之前在選擇大學的時候，我就已經清楚知道一所大學的名聲比它辦學的內容還重要。當時（現在也是）慕尼黑大學法律專業的名聲是最好的，所以十九歲的我沒多加思索就決定去那裡念書。因為我除了法律以外還想讀政治學，於是我開始思考要去哪裡念這個專業的研究所。我馬上想到了美國的菁英大學，決定去紐約的哥倫比亞大學。我向他們提出申請、被錄了，還獲得德國學術交流總署DAAD的全額獎學金。

哥大的政治學程有比慕尼黑大學的基礎課程好嗎？更有價值嗎？絕對沒有！不管在慕尼黑還是紐約，老師都有好有壞，只是哥大產出最多諾貝爾獎得主，是全世界排名前十名的大學。而它極高的學費就先不提。

現在我出席活動，主持人開場介紹我的時候，當然就一定會提到雙學位和哥大的研究所。這跟我當演說訓練師和講者的能力有什麼關係嗎？完全沒有！會讓聽眾留下印象嗎？絕對會！但很少人知道，只要被常春藤盟校錄取，校內考試絕大多數都會過，不管考試考得有多差。

也許這些你沒辦法做到，但你一定有其他優勢。而當然，你要做的就是突顯那些優勢了。有句話說得很好：「謙虛是一種裝飾品，但沒有它我們會走得更遠。」

衣著的效果當然也非常重要。想想第36頁提過那個等紅綠燈的實驗。穿西裝的人闖紅燈時，跟著他闖的人會比穿著普通服裝、沒散發出那麼大權威感的人還要多。還有一個我引用過的實驗是，其他駕駛對開豪華轎車的人，比對開便宜車種的人還要有耐心很多。前面停的如果是便宜的車，他們甚至會去撞車子的保險桿。

除了車子和衣著以外，配件也都扮演很重要的角色。但穿戴名牌商品可以讓別人留下印象這件事，這點大家應該從小就知道了吧。

不過對權威效應影響最大的，還是一個人呈現出來的外貌舉止：大大的手勢、鎮定的眼神接觸、說話時的停頓和語調打——斷他人、不讓他人打斷自己。

記住

外貌舉止、衣著和地位象徵都是我們可以用來填充權威感的主要工具。研究實驗清楚顯示，大多數人的行為會受到權威的操控。

偏誤 12 沉沒成本陷阱

年輕的時候我以為錢就是一切，現在老了才知道，確實如此。

——王爾德

人每天都在投資：金錢和時間。有時候我也只投資時間，比如說投資時間在一段關係裡，因為我們希望這樣能為我們帶來長遠的好處。我們幫朋友搬家，希望有朝一日需要他幫忙時能幫我們，也可能只是因為當好人可以讓我們感到愉快，我們享受這種無私的感受，不要求回報。

有一個相當致命的錯誤思考，跟這些日常生活中的投入有關。這個錯誤思考讓我們又再投入更多金錢和力氣：沉沒成本陷阱。

假設你預約了一堂主題為「神經語言程序學」的課，六小時的體驗課程二百九十九歐，也付了錢。現在你滿心期待地坐在課堂上，因為你一直以來都很想瞭解神經語言程序學。老師開始上課了，但不知道為什麼，你好像不是很興奮，你覺得課程沒有學術理論基礎。當老師開始解釋眼球移動會透露一個人是否正在回想、是否在上演內心對話或想到特定的聲音——你已經受夠這場騙局了！你鼓起勇氣舉手問老師這個眼動理論有沒有學術上的證據。老師聳了聳肩。他不知道。接下來的課程也完全不合你的胃口。現在該怎麼做呢？

在這種情況下，大多數人會想：課程很糟，但我為它花了二百九十九歐。我不能走，我不想白花這些錢。

這就是沉沒成本（sunk costs）的謬誤。思考模式同樣都是這樣：一旦對一件事情投入了金錢和時間，就一定要把那件事做完，不管到最後對我有沒有好處。但這很荒謬！因為比如說像報名費就是已經付出去了，怎麼樣也不會再回到你手裡，不管發生什麼事，錢就是不在了。然而有樣東西你還是可以拿回來，那樣東西就是你的時間。離開課程，至少還救回了那天剩下的時間。

「損失規避」

為什麼我們會緊抓著已經付出、不能再收回的錢不放呢？答案：我們討厭損失。或者用學術一點的方式表達：我們受「損失規避」心理現象所控制。如果已經付了錢，那麼就這樣離開課堂對我們來說就是一種損失。如果留下來，就不會感覺有損失，因為我們有得到當初付錢想得到的東西。

阿摩司・特沃斯基和丹尼爾・康納曼是研究損失規避現象的先驅。他們發現，相較於「獲得」兩歐，人會比較喜歡「不失去」兩歐。他們甚至發現，損失對我們心理造成的影響是獲利的兩倍。[80]例如你的銀行突然退了五歐給你，你會有點高興；但如果銀行無緣無故扣了你五歐，你就會很不爽，馬上寫信去給客服。

或者另一個例子，假設你是機智問答活動的觀眾，主持人走向你，給你一百歐，因為你答對了一個問題。過了一會兒，他又過來找你，說剛剛出了一點錯，要把那一百歐要回去。你會有什麼感覺？極度失望！因為你損失了一百歐！但你離開的時候，身上的錢沒多也沒少。

利用沉沒成本陷阱來操控別人並防止自己被操控

我們現在知道人都厭惡損失，所以說話的時候，就要把它講到讓對方想避開損失。怎麼做呢？舉個例子來說：你兒子讀了法律系加醫學系，兩學期後他不想讀了。你可以怎麼做？你就說：「你去年這麼努力學習，放棄參加派對的機會，努力背那些公式。如果現在放棄，那些時間就白費了！至少去把期中考試考完吧，這樣你至少手裡有些東西。」你兒子就會再三考慮他是否要接受他的「損失」。

另一個例子：你在販售一項服務——假設是Facebook廣告，你的客戶已經投入了一千歐，然後什麼都沒得到，現在他想中止合約。你會說什麼呢？當然用損失風險的形式來包裝：「您之前投入的一千歐，我們已經用來蒐集到了很多很棒的資料和情報，讓我們可以推出更好的Facebook廣告。如果現在停止，那您投入的東西就完全白費了。」你的客戶很有可能就會想避開損失，心想：「我當然不能損失那投入的一千歐。那我就再繼續幾個月吧，之後一定會順利的！」

沉沒成本陷阱愚蠢的地方在於，即使沒有其他人涉入，我們也會自己上當。所以我們當然也要保護自己。假設一位女性不滿意她的伴侶，於是花了好多時間跟他說明一些基本人生道理，像是衛生、禮貌、不要性別歧視等等，但他完全不改，繼續他自私的男人至上行為。雖然如此，女人還是覺得離開他是很荒謬的一件事，畢竟她在這段關係裡付出了這麼多啊！如果現在離開他，那所有的辛苦都白費了。但是小心：那些辛苦屬於「沉沒的成本」，她不管怎樣都不可能收回那些時間。她應該好好評估伴侶長遠來看是否會改變，別把重點放在過去在他身上投入了多少。

如果某人想終止跟你的生意關係，你可以策略性地把它描述成損失。那麼對方可能會想避開損失，照你的意思留下來。而我們自己也應該注意，在決策過程中不要去考慮到不可挽回的東西。

偏誤

13 互相陷阱

Do ut des. 為了讓你給予，所以我給予。

——古羅馬法

人從來不只是單純地給予。我們付出，因為想要得到回報。在這個交易過程中，不一定要有金錢或物品的流動，想法與感受也可以是交易的內容。到處都受到這種互惠行為的支配。

古羅馬人原本用do ut des來形容獻祭。人類獻某些東西給天神，祈求天神能賜予某些東西：雨水、恩典、健康等。現今我們生活的時代，天神地位不再那麼崇高，但交易行為依舊是許多關係的基礎。

人們去聽課或受訓，是用金錢換取知識；塞錢到孫子手裡，是用金錢換取關注；早上進辦公室工作，用能力換取金錢；一位朋友先講她的問題，接著換另一個人說，這是用注意力換取注意力。父母希望透過養育，得到孩子的尊重以及老年時某種程度的照顧。有些人為了房子或小孩，繼續跟不愛的伴侶在一起。這些都算是某種交易。

交換行為無所不在，讓人不禁想問：我們什麼時候沒在交換呢？我們不斷地做某些事，希望藉由這些事得到某些東西。甚至連無私奉獻，教導難民德文的志工老師，也是想看到那些人進步，讓自己感覺良好。

我們一天之內會做那麼多交易，交換行為和相互作用似乎是天生的。但為什麼會是陷阱呢？

互惠陷阱的原因

A送了B某個東西之後，就形成了一個不平衡關係：A使用了他的資源，而B從中獲益。雙方都意識到這個過程，然後B身上就會自動出現一股要去平衡這個狀態的心理壓力和道德義務。例如彼得邀請我參加他的生日派對，我就也要回請他；我同事昨天幫我付午餐錢，下次就換我付；一個貿易夥伴介紹了我一份有利可圖的案子，我就要試著也幫他弄一個。

這些例子一開始都跟操控行為完全無關。但如果「給予者」是有意識地在「投入」某些東西，想藉此得到某些東西呢？如果他利用一個特定的社交情況，藉著他的「禮物」和「殷勤周到」來促使我們做出某個特定舉動呢？那這當然就是操控了！

在一項關於互惠行為的經典實驗裡，[81]受試者要和另一位參加者「喬」（受試者假扮）一起評價圖畫好不好看。在一個情境裡，喬幫了受試者一個小忙：他在實驗的休息時間無預警地幫他買了一瓶汽水。有趣的來了，最後他請那位受試者幫他一個忙：買下他便宜的彩券（二十五分）——買越多越好。另一組實驗裡，喬沒幫受試者買汽水，但最後請受試者幫他一樣的忙。

結果：在受試者先前有收到「禮物」的版本裡，買下的彩券數量是兩倍！以下的細節也很有趣：另一個實驗中，喬一次表現得討人喜歡，一次表現得不討人喜歡。令人驚訝的是，不討喜但有送飲料的喬，賣出的彩券（平均一點六張）竟然比討喜但沒送飲料的喬（平均一張）還要多。這清楚顯示出，互惠的效果甚至比好感還要強！當然最好的結果還是討人喜歡加上送飲料（平均一點九張）。

如何專業地利用互惠陷阱

如果只是單純送個東西，那太簡單了。重點在怎麼送。這對結果的影響又更大。另一個經典實驗裡，[82]服務生在餐後、但結帳前送給給客人糖果。若服務生把一顆糖果跟帳單一起送上，但沒提及那顆糖果，則糖果只讓小費提高了一點，平均百分之三。另一個版本的效果就好得多：服務生送上兩顆糖果，並問客人有沒有人想吃糖果，最後小費多了百分之十四。第三個版本的服務生又更聰明：他把多一點的糖果跟帳單一起送上後便離開，一會兒後回來，然後說：「那麼好的客人，讓我去拿更多的糖果給您們！」小費提高了百分之二十三。

也許你不是服務生，也不需要評價圖畫，幫某人買飲料，但你當然可以想想日常生活中能怎樣送點小禮，透過互惠作用來影響他人。對賣產品的人來說，試吃／試用就非常適合，不僅客戶可以試試產品，他也會覺得有罪惡感，至少會買點東西。

我最近才剛去了一趟西班牙馬拉加，在一家賣烤核桃的店裡，我試吃了三種不同的核桃。我正要走的時候，我心想：「我吃了他們的核桃，不能就這樣偷偷溜走！」

所以我掉頭回去買了一小包核桃，減輕了心裡的罪惡感。兩個小時以後，我才意識到我掉進了互惠陷阱。

就算你沒在賣東西，你也可以先發制人做點事。比如說其他部門的同事用電子郵件問你某件事情。你可以（假設你看見這個人未來對你會有用）很友善、很有條理、很詳細地回答他的問題，不要等到一個禮拜後才簡短回覆。你立據充分的好答案會留在他的腦海裡——因為大多數人都寫得很短，還會有錯字，內容也不會涵蓋所有要點。幾天或幾週後（不要隔太久，因為人是健忘的），你再請那位同事幫你忙，提供你一些消息。他為了消除罪惡感，詳細回答你的可能性就會很大。

記住

在日常生活中越能找到機會送點小禮，你能得到的回報就越多。
因為互惠跟恭維奉承很像：花費很少，效果卻很大！

偏誤

14 限量陷阱

讚美，跟黃金和鑽石類似，價值都是源自它的短缺。

——山繆·約翰遜

人會珍惜數量短缺的東西，稀少的東西讓我們覺得很珍貴。反之，到處都有的東西對我們而言就失去了價值。從經濟學上來看，這個短缺原理很有道理：稀少的東西不是每個人都能擁有，於是產生了對那樣物品的競爭。一旦市面上越來越多這樣東西，價格就會下降。

短缺原理內建在我們腦裡

一項受試者為小孩的實驗證實，[83]兩歲的小孩就已經對短缺的東西有反應。小孩們進入一個房間，有個玩具放在透明隔板前方，另一個玩具在後方。兩個玩具都一樣漂亮。當障礙物很低，孩子可以直接伸手拿到玩具時，他不會表現出特別的偏好，觸摸兩個玩具的時間一樣久。但當隔板高到孩子沒辦法碰後方的那個玩具時，他就會很努力地繞到玻璃後方去碰那個玩具，頻率是前面那個情況的三倍。

羅伯特・喬爾第尼（Robert Cialdini）在他的《影響力》（*Influence*）一書中，將短缺原理說得很清楚。他引用一項銷售實驗，[84]銷售人員用以下三種方式跟客人推銷，使得稀缺感瞬間放大了兩倍，對結果產生極大的影響。

- 策略①：制式說法。
- 策略②：制式說法，另外提醒客人，接下來幾個月進口牛肉的庫存量會減少。
- 策略③：制式說法，另外提醒客人，接下來幾個月進口牛肉的庫存量會減少。另外還告訴客人，庫存有限的消息是來自公司特別的供應商，不是每個人都知道。

策略③顯示呈現了「產品供應量」、「相關消息」這兩種稀缺。結果：接收到策略②的客人，購買量變兩倍，接收到策略③的客人則是六倍。

一些企業把這個短缺原理發揮到極致，比如說像國際知名公司酷朋（Groupon）。在那裡賣的優惠券不僅有時效性，客人在網站上還會看到一個時鐘，顯示某項優惠方案還有幾天、幾個小時、幾分鐘、幾秒有效，就像在倒數一樣。這當然會鼓舞客人在到期前迅速下手。這家身價不凡企業的成功，證明行銷部門的策略是對的。

類似的心理效應：抗拒

另外，短缺原理類似於另一個名為抗拒的心理效應。簡單來說，抗拒的意思是：當我們不能擁有某個東西或不能做某件事情時，就會越想要擁有或去做！典型的例子：禁止小孩某樣東西，他就開始很想要。不准聽的歌、看的電影，年輕人就越喜歡。當某件衣服沒有我們的尺寸，我們就只想要那一件，其他的都不要。

抗拒現象美好的地方在於：也可以用它來操控別人。由於挑戰反應和「禁令刺激」以及短缺原理都內建在人的腦裡，所以我們可以非常策略性地說出跟我們本意相反的東西——然後得到真正想要的東西。當身為教練的我跟客戶說：「請做ＸＹ這個小作業，下次上課前完成。」那十個人裡面大概只有兩個人會做。但如果我說：「下次上課前請完成一份小作業，但你們一定，跟大部分人一樣，沒時間做。」那我就會聽到有人反抗地說：「有，有，如果不用花太多時間，我當然會做。」然後依照經驗，十個裡面真的有七個會做。在這句不起眼的話裡，引發了雙重反抗反應：第一：「有，我有時間。」第二：「我跟大部分人又不一樣。」

如何利用短缺操控別人

人類「短缺意味著珍貴」的直覺，當然可以拿來利用，也就是說，用人為的方式製造出不足。商業行為中典型的例子像是說「這個方案只到五月二十三日」、「如果您今天不簽，就失去了這絕無僅有的機會」或者「只剩兩個」。在經濟領域，到處都看得到短缺陷阱。

然而在私人生活裡，有些人也會假裝短缺。他們收到訊息後不會馬上回，而是先等幾個鐘頭或甚至幾天，藉此讓別人覺得他們很重要——他們的行程很滿，而且很受歡迎，所以沒辦法馬上回訊息。一位女性朋友向我證實了這點：「女生要讓自己顯得很珍貴。如果男人覺得需要我時隨時都找得到我，那他很快就會失去興趣。」事實上她有很多時間，也可以回得更迅速，但她一直採用著短缺原理。然後獲得成功。

在私人生活中，除了慢點回訊息以外，你也可以不要那麼常出席活動、少送禮、少邀請別人去你家、少稱讚別人……甚至當你一個盤子裡只放兩塊巧克力餅乾，而不是一次放十塊時，你的客人會覺得比較好吃。不可置信？不會的，研究已經證實了。[85]

2

招數二：語言圈套

我的語言極限在哪裡，我的世界就到哪裡。

——路德維希・維根斯坦

我不想太深入討論後結構主義的無底洞，但有件事很清楚：我們不僅用語言描摹現實，我們也用語言創造現實。我們是用概念的形式在思考所有事情，每個人擁有的概念廣度都不一樣，有人有一千個主動詞彙，有人有一萬個，有人則更多。而當然，詞彙量越大，使用的能力越高超，就能把世界描述、解釋得越精準。

言辭會評價。言辭會詮譯，會透露或遮掩說話者對某件事的態度。

我們也都知道，詞彙可以讓他人留下印象，例如引用外語和名言。只是大部分人不知道該怎麼做，只好把場子讓給有機會接受說話訓練的政治人物和其他能言善道的人。既然說話技巧可以贏得更多讚賞，何必浪費這種機會？接下來我會教你九個最重要的技巧，還會介紹給你可以用來影響他人的十大語言訣竅。運用起來相當簡單！讓我們開始吧！

圈套 1 專業術語和外語詞彙

人們使用語言的原因不是爲了隱藏想法，而是爲了掩飾他們沒有想法。

——索倫・齊克果

專業術語和外語詞彙可以用來迷惑他人，讓他們覺得我們很有能力、很聰明。雖然大多數人會說他們討厭所謂的「行話」，但他們還是會被迷惑！

如果有個人對你說以下這句話，你會有什麼感覺呢：「吾人處境甚困窘，仍無意外顯歉然。」很多人聽不懂，也沒辦法判斷這句話是真有道理還是純粹在胡說八道。但這一點都不重要！重要的是這句話的效果。某個人說了這句話之後，雖然也許不是最討人喜歡、最沒有距離的，有些人也會認為他在自誇，但大部分人會直覺認為他很聰明、很有能力。

聽不懂，等於很厲害？

在一項實驗裡，[86]研究人員請受試者在假的法庭審理場合上評估原告的看法。原告宣稱工作時接觸到一種危險的化學藥劑，導致他得癌症。其中一部份受試者被安排去聆聽「費隆教授」用簡單易懂的話說明這件事。專家解釋，這些化學藥劑「會帶來肝臟病變，還會造成肝癌以及免疫系統疾病」。另一些受試者聽的也是同一位費隆教授，但這次這位假專家採用複雜的語言，跟第二組受試者說，相關化學藥劑「導致腫瘤增生與肝腫大、以及脾臟與胸腺裡的淋巴萎縮」。研究的結果是，專家用無法理解的術語說話時，受試者被說服的可能是兩倍。

如果知道的術語和外來語很少怎麼辦？

大部分人使用標準語言，也會在他們的主動詞彙裡加入一些常用的外來語。這絕對已經是個好的開始。當然如果你想讓人印象深刻，你要持續不斷擴大你的外語詞彙量。除此之外，還有一個好處是，如果別人傻傻地把這個技巧用在你身上，你就很快能看破對方的手腳。

去買一本外語詞典當然是一個方法，不過大家都很怕死記硬背這件事。我自己在考大學那年就買了一本厚厚的詞典放在手邊——非常值得。當我在課堂上舉手亂說一些「對照的排比」或「摩尼教的二元論」之類的東西時，分數就一直往上跳。我用這些字，有讓我說的話更有道理嗎？通常沒有。老師懂我在說什麼嗎？通常不懂。但他傾向保持沉默，什麼都不會問。

在理想的情況下，你應該也要清楚瞭解那些術語和外語的定義，最好連詞源也弄清楚。因為如果你還有能力解釋拉丁或古希臘的字源，別人對你的印象會更深。當時適用在我老師身上的，現在當然也適用在同事和客戶身上：他當然聽不太懂，但會對你的「才華」留下深刻印象。

回到這個問題：如果不想買外語詞典，那要如何建構豐富的聰明講者詞彙呢？有一個很簡單的方法：每當你在網路上看文章或看電視，出現一個你不知道的名詞時，就上網查一下那個概念是什麼意思。還有下一步！請把那個概念與其定義，複製到電腦的word檔案裡。漸漸地，你的這個文字檔，會充滿許多很聰明的概念。你至少要每個禮拜複習一次這個清單，逐步把那些詞彙背起來。

接著是最後一步：有意識地把你的一些被動詞彙融入到主動詞彙裡。字越常用就記得越快。

以下提供給你三份小小的詞彙清單，每份各有十個概念，可以立刻去查一查。這些只是臨時從我腦子裡抓出來的字，正如英文是這樣說的 off the top of my head。你也可以把它們加進你的外語詞彙檔案。

- 名詞：歧義、自生系統論、後座力、辯證法、逃避主義、他治、啟發法、敘事、預辯法
- 形容詞：無可置疑的、異質的、不能用同一單位測量的、怪誕不經的、無所謂的、貶義的、錯綜複雜的、淡泊的、超然的、無所不在的
- 動詞：解構、使喜悅、否認、查明、強行實施、視之為兒童對待、起衝突、表

彰（某種）內涵、振盪、預先判定

你可以把其他你不認識的字補充進去、背起來，然後逐步開始使用。你會漸漸覺得越來越容易。

圈套 2 無能語言和有力談話

也許權力會使人腐壞，但軟弱無能也沒有比較好。

——威利・布蘭德（Willy Brandt）

某些詞或音會讓我們顯得軟弱。也許、其實、嗯、對吧？這只是四個例子。使用這些言語軟化劑的人，會被人認為是惶恐不安的。最糟的是，人會習慣於自己的語言。用這種方式說話的人，會持續不自覺地這麼做——然後毀了自己的外在形象。

大約四十年前，一位名叫羅賓・萊考夫（Robin Tolmach Lakoff）的語言學家開風氣之先，證明了女性因其言語而導致的無力與渺小。她明確指出男人的有力語言和女性的軟弱語言，當然有些軟弱語言的特徵也適用於男性身上。根據她的說法，（女性的）軟弱語言是什麼樣子呢？這裡有一些準則。[87]

第一，缺乏自信的人使用言語軟化劑和填充詞的頻率會比較高，例如以下這幾個：

- 嗯……
- 不知道為什麼
- 比較
- 就是……
- 其實
- 差不多吧
- 在一定程度上
- 可以說
- 就是
- 也許吧

一個有自信、明確知道自己想說什麼的人，當然不需要這些填充詞，尤其那個惱人的「嗯」在一些人身上特別明顯。好的演說家會仔細注意避免使用這些填充詞。

國際演講會（Toastmasters）是一個「促進公開演講、有效溝通以及領導技巧」的機構。[88]他們有一種所謂的「嗯計數器」，只負責計算演講人口中「嗯」的數量。這個方法很有幫助：如果把注意力放在某個特定的填空詞上（不要同時注意很多個，這樣太多了，應付不過來），那就更能避免使用這個詞。

第二，缺乏自信的人使用附加問句（以表達不確定性）的頻率會比較高，比如說：「漢斯在這裡，不是嗎？」或者「你贊成對吧？」有自信一點的人會不遲移地問：「漢斯在這裡嗎？」以及「你贊成嗎？」根據萊考夫的論點，女性尤其容易會使用這些附加問句。假如用後面那兩個問題，我們得到的答覆可能會是一個粗暴的不，而用前面那兩句附加問句，得到的不，在強度會弱一點。但這種避開明確否定的舉動卻顯得我們很膽小、很懦弱。另外，附加問句也會讓人覺得說話者需要別人的認同。一個強大堅定的人絕對不會渴求別人的認同，因此，你應該要將這些問句完全捨去。

第三，缺乏自信的人使用的措辭會極度客氣，藉此表達他們不想跟對方太靠近。例如：「如果不會太麻煩，您是否能……」或者：「如果您願意，我可以麻煩您……」透過這類問題，他們就像戴著絲絨手套一樣，小心翼翼地對待他人。他們同樣不敢直球對決，彷彿害怕被拒絕。自信一點的人會直接問：「您可以……嗎？」

第四，缺乏自信的人會出現比較多的「非必要道歉」，比如說：「不好意思，但我的看法有點不太一樣……」或者：「請原諒我提出反對意見，但……」這裡也可以明顯看出說話者不想傷害對方，只能過度謹慎地提出批評。當然囉，自信一點的人也會用適當的形式表達批評，但態度會很勇敢，不會使用這些空話。

第五，缺乏自信的人表達自己意見的頻率會比較低，因為他們不想遭受別人的批評或成為討論的焦點。我們有些同事每次開會時說的意見都很普通，但他們比較常說話，因此給人的印象就比較正面，表示他們有東西好說。

我們事後甚至會傾向認為，好點子是說很多話的人提出的。當主管記不起來是哪個同事提出某個好點子時，第一個浮現在他腦裡的會是那個話多的同事。安靜的員工一般比較會消失在記憶深處。所以這告訴我們，討論事情的時候，要多多參與。就算想法不是最傑出，還是應該要開口說話，讓別人注意到你。

如何消除軟弱言語

因此，你的第一項任務是，把所有這些軟弱言語的特徵，都從你的主動詞彙裡排除。你無法一次同時處理所有的壞習慣，所以每個星期處理一個就好。你可以把你最常用的填空詞設為「本週對手」，然後請你的朋友和同事，每當聽到你說這個詞時就告訴你。下一週你可以留意你是否道歉太多，有沒有必要道歉。第三週你可以要求自己每次開會都要發言。

這種乾淨俐落的言語形式絕對是必要的，這樣才不會讓自己顯得很軟弱。很有把握的肢體語言和聲音語調當然也很重要（請見「用良好形象迷惑他人」一章）。如果你自己在言談之中散發出軟弱與不安，你要怎麼影響別人呢？好的操控者，嗯，其實，他們在某定程度上，嗯，應該就是差不多隨時都會注意特定的，嗯，措辭，不是嗎？

如何利用有力談話進行操控

避免使用言語軟化劑只是有力談話的第一步，也就是把所有軟弱語言的特徵都刪除。另一個有效的方法，就是在溝通時增加「強化劑」。那麼有力談話到底是什麼樣子呢？

請花三分鐘，在YouTube上看看世界各地的強者。不管你是聽誰說話，他們的言語幾乎都是一樣的模式。

首先，世界上的強者會把話說得很緩慢、很清楚。他們說話很少翻來覆去，他們顯得平靜、不急躁。除了總統以外，企業家說話也很慢、很清楚，你看像馬克・祖克柏和比爾・蓋茲，他們說話都很清楚，不會受他人影響而變得急躁。

第二，強者會自己稱讚自己的成就，即使只是小小的成就，或實際上根本沒有成就。而且他們從不批評自己！世界上每位總統在上任一百天之後，都會對自己做出的改革做出正面的總結回顧。川普甚至誇口說他的改革是美國歷史上最成功的，在他身上看不到一絲謙虛！不單是政治人物，專業經理人也很會吹噓每個小成就，讓它聽起來很大。

第三，強者會說得好像他們什麼都懂。沒人會承認自己的無知。所有強者都對他們的國家和企業有明確的計劃和清晰的願景。當然他們不可能什麼都知道，但他們完美掌握著「在一無所知情況下安全對話」的技巧。你可以回本書開頭再看一次這些技巧。

圈套 3 框架效應

框架構成圖畫。

——佚名

框架效應描述的是，同樣的內容，用不同的措辭表達，就會得到不同的評價。對方說出一個框架，而這個框架會在我們未注意到的情況下影響我們的決定。

舉例來說，一盒優格被形容為「百分之九十九無脂」或「百分之一含脂」就有非常大的差別。雖然內容上是一樣的，但對大部分人來說，「百分之九十九無脂」聽起來就好很多，這個廣告的效果也好很多。因此，措辭是關鍵！

框架並不是謊話或片面事實，它是有意識地把框架挪動到確實存在、出於策略性或思想上的理由而重要的（真實）面向。

框架效應最著名的例子出自前面已經援引過的心理學家阿摩司・特沃斯基和丹尼爾・康納曼。[89]假設以下情況：某種不尋常的亞洲疾病即將爆發，美國正在為此做準備，預期會有六百人喪生。有兩個方案可以對抗此疾病，假設兩種方案的結果是已知的。

1. 如果進行方案A，六百人當中，有兩百人會得救。

2. 如果進行方案B，有三分之一的機率讓六百人全部得救，三分之二的機率沒人得救。

你會選哪個方案呢？大多數人（百分之七十二）選擇了有兩百人會得救的方案A，只有百分之二十八的人選擇方案B。

如果我們換個方式來描述這兩個方案，結果就完全不一樣：

1. 如果進行方案C，六百人當中有四百人會喪命。

2. 如果進行方案D，有三分之一的機率無人喪命，三分之二的機率六百人統統喪命。

方案C和D的內容和機率也都是一樣的，然而只有百分之二十二的人支持安全解救兩百人（方案C），但卻有百分之七十二的人選擇相同內容的方案A！然後，有百分之七十的人贊成方案D，但之前選擇相同內容方案B的人卻只有百分之二十八！結果幾乎完全顛倒，而這只是因為措辭不一樣！

要注意的是，方案C和D是用損失的形式來表達結果，方案A和B則是用受益。我們可以如何利用這件事呢？

如果知道我們的對話夥伴喜歡有安全感，害怕風險，那就要把對我們有利的選項描述成風險微乎其微，讓對方上鉤。如果對方喜歡冒險，那就要把對我們有利的選項正向地講成獲益。這樣他就手到擒來了！

框架效應如何應用在政治上

當然，政治人物會想盡辦法，用正面的框架來套在自身的主張上。我們以「墮胎」這個高度爭議的議題為例，尤其是在美國，這個議題數十年以來不斷引發激烈的討論。有趣的是不同陣營為自己立場取的名字：贊成墮胎的陣營說自己「擁護選擇權」，反對墮胎陣營則稱自己「擁護生命權」。雙方陣營都擁護某樣東西。雙方陣營都用了能夠獲得某個東西的視角。

然而雙方陣營的重點完全不一樣。擁護選擇運動突顯的是母親的行為自由。在「墮胎」這個議題上，母親是做決定的人。女性身為有自主性的主體，應該要能夠自己決定身體要經歷什麼。因此，他們應該要有選擇權——女性要有更多選擇。

至於反對墮胎陣營，他們的框架就是未出生的小孩。他們突顯的是孩子活下來的權利，這——不管是否為上帝賜予——限縮了母親的權利。根據反對墮胎陣營，因為生命權是最重要的基本人權，所以它高於母親的行為自由。墮胎會被認為是「殺嬰」，受到嚴厲譴責。

誰是對的？

這就跟有人會問：「杯子是半滿還是半空？」一樣。人生中所有有爭議的問題，對或錯，都取決於框架以及突顯的觀點。

重要的是，在他們自身的思考體系裡，每個陣營都是對的。而因為沒有一個客觀的事實，人們就只能堅持自己的價值判斷。因此政治立場敵對陣營之間要進行對話，幾乎不可能。

幾乎每個政治上有爭議的議題都充滿了意識形態。無論是對於個人資料保護（國民的權利 vs. 有效打擊犯罪）、割禮（父母的宗教自由 vs. 小孩身體的完整）或者毒品（享樂的權利 vs. 防止上癮）的辯論——政治領域裡，到處都有框架在運作。

如何用框架進行操控

想像你是開藥的醫生，然後假設那個藥物有百分之十的機率會出現很嚴重的副作用。你有這兩個框架可以使用：

1. 正面框架：「我有一個好消息要告訴您！使用這個新藥，十個人裡面有九個會得到正面的效果，完全沒有副作用！一切順利的可能性相當高！」
2. 負面框架：「我有壞消息：如果使用這個新藥，十個人裡面只有九個不會有副作用。在您身上引發嚴重副作用的可能性相當高。」

傳達出來的資訊內容是一樣的，但卻是用相反的角度在觀看那百分之十。就算你不是醫生，在每種工作領域，某個企畫都有特定的機率會成功或失敗。當然你就可以把那些機率「框架」成對你自己有利的情況。

假如你在賣一項品質好、價格高的產品，那就把注意力放在產品的高品質。假如你賣的東西品質不好，但很便宜，那就把注意力放在優惠的價格。

如果身為職員的你很慢才把一項工作做完，主管問為什麼會那麼久，那你就說：「我很仔細！」通常這就會突顯出你認真的做事方式：好事需要花點時間。

而假如同事質疑為何你工作做得那麼快速，它需要更專注地處理，那你就很有自信地說：「因為我工作很有效率」——忽然間，你就是個有生產力的同事，充滿正向氛圍。

利用框架進行自我操控

當然你也可以利用框架來進行正向的自我操控。比如說像運動員就會這麼做，他們在決賽落敗後，認為自己不是「輸掉金牌」，而是「贏得銀牌」。

職場上碰到欺負人的同事，你也不一定要用負面框架認定他們是壞蛋，你可以把他「框架」成妙語訓練師。在我訓練妙語的課堂上，我會無預警地對參加學員進行言語攻擊，他們必須伶牙俐齒地回答——還要付學費。為什麼不把批評你的同事當成心智訓練師，鍛鍊你不慍不火，保持冷靜？

如果工作上有什麼事不順利，框架也是能把情況翻轉成正面的方法。著名的發明家愛迪生曾經說過一句很美的話：「我不是失敗，我是發現了一萬條不可行的道路。」[90] IBM創辦人托瑪斯・沃森（Thomas J. Watson）也說一句類似的話：「如果想成功，那就加倍你的失敗。」[91]

用正向眼光看待生活中出現事物的能力會讓我們有更高的抗壓性、更積極主動、更有生活的樂趣，甚至還會更有可能成功賺到錢、擁有健康的身體以及快樂的伴侶關係。[92] 一個小小的措辭，就會帶來很大的改變。在一項研究裡，[93] 想減重的人要不斷跟自己說「我拒吃冰淇淋」或「我不會停止運動」。另一組說的則是「我不能吃冰淇淋」或「我不能停止運動」。

結果令人震驚：使用主動的「拒絕」那一組，比較能建立起健康的習慣、停止不健康的生活習慣。原因是，「我不能」框架會讓我們顯得無能為力，同時也意味著我們無法掌控事情。相反地，「我拒絕」框架則意味我們是根據自身原則做事的行為者。

我常聽到有人會把自己形容得很負面。大部分人會說：「我反應不快！」然後當然就變成了自我實現的預言。也許應該要說：「我不知道說妙語的技巧。」因為這表示如果我想，我可以學習。給自己和生活正面的框架，激勵自己進步，是很聰明的方法。

我個人是很注意我腦裡的框架。即使我一天只學一個西班牙文單字，我還是要說我最喜歡的那句口號：「Cada dia un poco mas!」每天多一點，也就是持續進步。

圈套 4 隱喻

Nomen est omen. —名稱是一種象徵。

——柏拉圖

我們活在一個語言充滿暗喻的世界，但我們未必會注意到。[94]我們有意或無意利用語言意象來呈現許多情況。而當然，這個意象會把我們對事情的意見導向某個特定方向。最近的例子是「難民危機」。大量的難民一下被稱為「難民潮」，一下是「難民海嘯」。這些概念自動在我們腦中引發某些想法：這股「浪潮」必須阻擋，才能避免災難，不然國家會被淹沒；「船已經滿了」（關鍵詞：「上限」）。這個洪流的隱喻聽起來很危險——想當然會被批評難民的人所使用。

支持難民的人情況就不一樣了。他們把難民形容為應該要歡迎的「客人」（關鍵詞：「歡迎文化」、「歡迎難民」）。之前會稱呼有「移民背景」的人「外籍勞工」（然而也是一個有爭議的概念）。客人來，當然要照顧他們囉。有像是「賓客權利」之類的東西——當然要對客人熱情款待。這些客人的隱喻基本上聽起來很正面——當然也被支持難民的人所使用。

你可能會說，這些隱喻跟對移民的評價一點關係都沒有。然而兩千多年前，羅馬劇作家普勞圖斯就說出了著名格言：Nomen est omen（名稱決定一切）。這個看法在兩千多年後被心理學家證實：我們怎麼稱呼某樣東西，就代表我們怎麼看那樣東西。名稱也是內容說明。隱喻會對我們的思考產生強大影響。

隱喻如何影響評價

學者曾研究「隱喻」對人類思考的影響程度有多少。在一項實驗裡，[95]研究人員在一篇文章中把罪犯稱作「野獸」，另一組則稱為「病毒」。而確實，對於解決犯罪問題該採用哪些措施，對犯罪者的稱呼大大影響了讀者的看法。他們讓第一組受試者看以下文章：

犯罪行爲是一頭騷擾愛迪生市的野獸。五年前，愛迪生市的狀況還很好。然而近五年來該市的防禦系統越來越弱，無力對付犯罪……您們認爲，愛迪生市需要做些什麼來降低犯罪率呢？

從實驗人員手上拿到這篇文章的人當中，有百分之七十一認為應該要追捕罪犯，將他們送進監獄，且要重懲那些「野獸」。

第二組受試者也從實驗人員手中拿到同樣這篇文章，只是裡頭的「野獸」一詞被換成「病毒」。贊成重懲的人現在只剩下百分之五十四。第二組受試者提出更多建議，認為應該要探究犯罪行為的原因、改善教育機會、有效對抗貧窮。單單這一個隱喻，就完全改變了對於同一件事的感知。

實驗的最後，受試者另外還要評估對判斷影響最大的因素是什麼。大部分受試者都堅信：影響他們判斷的關鍵因素是「事實」。只有百分之七的人發現文章中使用的隱喻操控了他們的判斷。

記住

使用「正確」的隱喻，每件事情都可以被呈現出「好」的樣子——然後透過言語，微妙地操控他人的決定。

政治人物如何用隱喻進行操控

成功的政治人物尤其精通這件事。他們會使用簡鍊的語言為自己的行為辯護，刻意去尋找能喚起我們聯想的隱喻，讓我們不得不贊成。

德國前財政部長佩爾．史坦布律克（Peer Steinbrück）在二〇〇八年嚴重的金融危機期間的舉動就是一個鮮明的例子。他主張用大量資金的「解救方案」來拯救銀行，同時描繪出一個生病男人的意象：

如同罹患急性循環問題的病人，緊急處理金融危機的第一要務是阻擋崩潰。另外必須穩定維持生命的流程與功能，這些流程與功能在壓力情況下很少進行，或完全不再進行。[96]

這個意象喚起了聽者的同情心與「團結」，讓他們認可，或更確切地說接受，即將施行的政策。當然也可以完全相反的角度來說：透過亞當．斯密的隱喻，可以說「看不見的手」會在人們不自覺的情況下促進公眾利益、調節金融市場，讓比較弱的銀行破產，比較強的銀行存活下來。納稅人不需要承擔銀行的損失。而那些因投機而破產的銀行，就得為自己的投機行為得到應有的報應。

另外插一句話：銀行的損失由全民承擔，獲利由銀行獨享，這都是當年德國社會民主黨的政治人物搞出來的。但這講下去就是一本書了。

可以如何利用隱喻來進行操控？

最簡單的答案是，用正面意向來表達我們喜歡的想法或計畫；然後用負面的意象描繪我們討厭的想法或計畫。理論上聽起來很容易，但可以怎樣在日常生活中付諸實現呢？

假設一位同事提出另外一個跟你完全對立的企劃案，只有一個企畫案能勝出。整個團隊加上部門主管會聽你們兩個報告，結束之後決定要採用哪一個。這代表：他或者你。

你知道隱喻對聽眾的影響非常大。因此你不必抽象地批評他的論點，而是使用以下言語意象：

- 可惜我同事的論點裡有很大的漏洞以及邏輯上的跳躍，也就是……
- 同事提出的數字非常站不住腳……
- 一想到（某件事），我對這個企畫案的接受度就如同紙牌屋般崩塌……

當然這樣做，你們無法成為好友。但這是另一回事了。

操控式隱喻的其他例子

自己發想出隱喻有時候不是那麼容易，幸好有慣用語。它們類似俗語，通常會充滿很多隱喻，跟抽象的話語比起來，更快能觸動人心。

- 不要說「這件事跟我們公司不再有關係了。」而是說：「這是明日黃花。」
- 不要說「花費的力氣跟低微的獲益不成正比，因此出於經濟效益，我們會停止這項措施。」而是說：「我們不應該大海撈針。」
- 不要說：「我會贊成你用腦力激盪會議的形式，蒐集關於此議題的有建設性想法，因為我覺得您至今對於此問題的意見都表示得很遲疑。」而是說：「我們就打破沉默之牆，說清楚講明白吧。」
- 不要說：「我認為我們已全面掌握這件事，即使今天也可以做出決定。」而是說：「讓我們有始有終，不要虎頭蛇尾。」

隱喻會形成某種認知上的捷徑，讓我們得以迅速影響他人的思想世界。因此值得去買一本有關慣用語和俗語的書，像學習外語詞彙一樣，「一磚一瓦」地建立一份隱喻清單。

圈套 5 既定觀點詞語

世上之事物本無善惡之分，思想使然。

——莎士比亞

這句出自哈姆雷特的哲理名言在說的是：世間萬物就是它本身該有的樣子，沒有「應該」。我們的期望與道德想像，才是決定價值判斷的因素。

腦裡的思想和評價，可以藉由既定觀點詞語被有意地引導到特定方向，然後引致同意或拒絕。叔本華認為，想要進行操控，則要把你的主張說得很良好，亦即「委婉語」（Euphemismen），並將反對你的見解盡量說成很糟的「粗直語」（Dysphemismen,

德文是Kakophemismen），比如說：[97]

- 「新教徒」vs.「異教徒」
- 「看守」vs.「監禁」
- 「失足」vs.「通姦」
- 「神職人員」vs.「偽善者」
- 「透過影響力」vs.「透過收賣賄賂」

法律系第一學期，我的刑法教授問我，應該要怎麼稱呼結束自己生命的這個行為。這次經驗讓我清楚意識到「既定觀點詞語」這個現象。我當時隨口回答：「自殺啊。」教授說：「如果這樣稱呼，那很明顯就是把這個行為形容成一個負面的舉動，裡面有『謀殺』這個詞。還有誰知道『結束自己生命』有什麼正面名稱嗎？」

另一個學生接著說：「自盡。」這個聽起來多麼正面啊！畢竟「自盡」這個概念是假定此行為是出於自己的決定。

使用委婉詞，讓人顯得更重要更友善

為了凝聚員工，各家公司都會在產業名稱和職位描述上下功夫，因為他們知道：人都想要讓自己很重要，而重要的人當然會有重要的頭銜。這裡有一些範例：

- 用「專案經理」取代「基層員工」
- 用「人資經理」取代「人事員」
- 用「財務經理」取代「會計」
- 用「第一線支援人員」取代「客服」
- 用「辦公室經理」取代「秘書」
- 用「設備經理」取代「總務員」

商業活動裡的委婉詞範例是：

- 用「有創意的帳務管理」取代「偽造財會報表」
- 用「投資」取代「付錢」
- 用「工業園區」取代「工廠」
- 用「免職」取代「開除」
- 用「次佳」取代「差勁」
- 用「挑戰」取代「問題」

最後還是要提一下委婉形容人的詞彙：

- 用「活潑外向」取代「吵鬧」
- 用「不怕衝突」取代「倔強」
- 用「意志堅定」取代「專斷」
- 用「口才極佳」取代「囉唆」
- 用「求好心切」取代「苛求」

• 用「教育弱勢」取代「笨」

你可以如何利用既定觀點詞語進行操控

平常我的教練課程上，我會用非常多的委婉詞彙，也會把不好的概念用一整句話來代替，這樣客戶的感受會比較舒服。既然我可以，你當然也可以：

• 不要說「錯！」我會說：「很有趣的觀點！」或：「我之前也這麼想。」
• 不要說「跟現在在講的事情無關！」我會說：「您現在提到這件事很好！」或：「謝謝您現在把這件事帶進來！」
• 不要說「立論太薄弱！」我會說：「這個練習很臨時，您做的真的很好！」或：「我第一次做的時候，比您做得還差！」

雖然人會希望得到別人誠實的反饋，但如果有人真的敢百分之百誠實試試看！我的工作正好每天都要給別人反饋，我知道在評價別人的時候，每個小詞都很重要。需要的是修辭上的細微感受，而不是誠實。如果有批評，也該輕微透露出來就好，否則你的反饋對方就無法接受，你還會看到一張失望的臉。請記得：客戶永遠是對的。客戶也想聽到這個！如果你想照你的意思引導他，委婉詞彙就不要省。

圈套 6 「因為」這個詞

好論點的效果絕佳。只是不適用在應該交出某個東西的人身上。

——貝托爾特．布萊希特

人都喜歡理由。還是小孩的時候，我們就已經問過父母上千次：「為什麼？」長大以後我們也想要知道原因：為什麼我的申請被拒？為什麼主管選了另一個企劃案？為什麼我愛慕的人不想跟我出去？「為什麼」問題每天都伴隨在我們左右。

但我們是否注意過，我們獲得的理由有多好？還是每個荒謬的理由我們都接受？關於這些問題，有一項富有啟發性的社會實驗。

影印機實驗與無意義的「為什麼」

艾倫・蘭格爾（Ellen Langer）與同事在著名的影印機實驗裡，[98] 請演員詢問在隊伍裡等待的人，是否可以讓他們先影印。一共有一百二十個人在紐約的一所大學裡被問到這個問題。有三種詢問的版本：

- 版本①（沒有理由）：不好意思，我有五頁，我可以先用影印機嗎？
- 版本②（真實的理由）：不好意思，我有五頁，因為我很趕，我可以先用影印機嗎？
- 版本③（爛理由）：不好意思，我有五頁，因為我要影印，我可以用影印機嗎？

版本③獲得的結果應該要很糟才對，但謎底揭曉：

- 版本①：百分之六十的人讓那個人先印。

• 版本②：百分之九十四的人讓那個人先印。
• 版本③：百分之九十三的人讓那個人先印。

一個爛理由，效果幾乎跟好理由一樣！人在檢視資訊的時候，大多都不理性，而且不會區分好理由和壞理由，有給出一個理由比較重要。「因為」這個詞在我們腦裡扮演著神奇的角色，它只要出現，就會讓我們覺得某項要求或某套說詞是合理的。研究人員認為這是一項「非理性」行為，意即在決策過程中缺乏理智。

影印機實驗的特別之處在於它不是在實驗室，而是在公共的圖書館中進行，跟日常生活相關。研究學者在他們的文章中指出，[99]人如果被帶進實驗室，就會有意識地進行思考，因為那是一種考試情境。而根據他們的結論，我們的日常生活比較是「沒在思考」的。

可以如何利用「因為」這個詞進行操控

本章開頭那句布萊希特的名言表示，如果論點是在要求別人交出某樣東西，它就完全不會有效果。然而影印機實驗卻顯示，別人只對他們提出請求，他們就交出自己的時間。畢竟有一半的人在沒有任何理由的情況下讓問話的演員先印。

因此，結論①：放膽一問，就算是跨出了很大一步。雖然有一半的機率會被拒絕，但有差不多百分之五十的機率會得到想要的東西。

然後結論②：最好無論如何都給出一個理由，不管那個理由的合理程度有多少。

舉個例子來說，如果你遲到，讓其他人等你，你就可以這樣說：「我太晚到了，因為我沒有及時出發。」當然等待的人聽到這個說法不會太開心，但不管怎樣，空洞的理由還是會稍微緩和他們的心情。

或者你要說明某個決策的原因。那你就說：「我這樣做的原因是我想這麼做。」一個完全沒有意義的理由。但已經足以用來為自己的決定辯護。

當然，「因為」不是唯一可以用來引入（假）理由的詞彙。表達因果關係的連詞和導言也非常適合，比如說像「因此」、「所以」、「於是」、「理由是」、「導致」之類的，都可以照你的意思用來引導「沒在思考」的人，就算講的東西缺乏事實根據。

圈套 7 聲音技巧

聲音決定心情。

——佚名

我們在討論語言時，聲音語調當然也是其中的一部分。我們用語調為話語配上聲音，賦予了話語重要意義。一九六〇年代，之前提過的學者麥拉賓發現，言語內容和聲音語調呈現的情況不一致時，我們比較會相信聲音。[100]因為我們直覺認為，言語比聲音還好操控。

Galileo實驗：人類與機器的對抗

也許你已經聽說過了，有些公司的第一場面試並不是由真人進行。某個軟體會打電話給應徵者，然後分析應徵者的聲音。軟體並不在意說出來的內容，而是測量停頓、「嗯」、語調、重複出現的詞語以及其他聲音上的評估準則，然後製作出應徵者的性格檔案。

公司會根據這份性格檔案鑑定應徵者。如果軟體分析的結果是正面的，應徵者就會受邀參加第二次「真的」面試。如果是負面的結果，應徵者就會被拒絕。這套評估聲音的軟體逐漸被越來越多的銀行、保險公司、人資單位、行政機關所使用。

對此，德國一個電視節目「Galieo」進行了一項實驗：[101]身為一個很有自信的專業講者，我覺得我應該能騙過這套軟體。我扮演的是一個口才很好的應徵者，說話的時候不會發出「嗯」；我聽到軟體發問之後，有能力做出至少三分鐘的詳細回答——但我講的是與問題完全無關的東西，但過程中有適當的停頓，有優美的語調，而且我一次都沒說錯話。

電腦問了我關於工作和私人生活的問題。比如說有一題是我通常怎麼度過星期天。而我回答的是性格發展的七大領域，跟問題完全無關。回答其他問題時，我也是語調優美、言詞犀利，但內容都與問題無關。軟體需要十五分鐘的言語素材來幫我做出性格分析。

結果如何呢？軟體對我的評價如何？它的評語是「詞彙量和語言流暢度極高……幾乎就像機器人，因此不真實。」因為言語近乎完美，系統就崩潰了，無法做出分析。

「Galieo」節目製作人告訴軟體研發人員，我說的那段話不是照著稿子念，而是身為專業演說家在跟機器說話，那些軟體人員都很震驚，竟然有人能騙過他們的系統。那套軟體針對的是「平均值」，如果應徵者很「完美」，能用絕佳口才說話，不用照著稿子念，軟體就會失效。

工作上的成就會受聲音品質影響嗎？

另一項實驗裡，[102]研究人員把一批銷售人員講的內容錄在錄音帶上，然後修改錄音檔，使聽者聽不懂內容。受試者唯一聽到的是一段二十秒有語調、旋律、停頓和音量的片段。他們要評斷哪位銷售員比較親切、比較成功。

令人驚訝的結果：雖然受試者聽不懂內容，他們還是根據語調的品質正確判斷了銷售人員的成就。光是聲音（沒有說話內容也沒有肢體語言）就足以預測人的能力。

第二場實驗裡，銷售員的說話內容是聽得懂的，受試者也正確區分出了比較成功跟比較不成功的銷售員。這樣一個簡短的片段就完全足夠用來對一個完全陌生的人做出正確的評斷，社會心理學將此現象稱為薄片截取（thin slicing）。[103]人在極短的時間內就能判斷出誰是好老師或誰會被成功錄取。[104、105]順帶一提，片段的時間長短——不管是三秒或三分鐘——影響並不是太大。[106]

七個有效的聲音工具

問題是，哪些工具可以讓人在開口說話的前幾秒就用立刻聲音傳達出正確的情緒和形象呢？接下來就是七個具有操控力的重要的聲音面向，下次通電話時，從一開始就要放在心上，但當然在每個日常生活的情況裡也是：

1. 發音：讓別人馬上聽得懂我們在講什麼很重要。發音要清晰。每個音節都要發得完整。說話速度快並不是那麼重要，更重要的是說話不要含糊不清，因為人不懂某些東西的時候，會害怕去詢問。發音清楚一方面能夠減少誤會，另一方面也會讓人覺得你對內容的掌握度很高。

2. 聲音語調：首先，說話時不要從頭到尾都同一個語調，應該要有抑揚頓挫。這個錯誤特別常出現：缺乏自信的人在說直述句時，語調會上揚，像在問問題一樣。正確的做法應該是，即使你對於內容不是很有把握，在說直述句時也應該要讓語調下滑。說話的語調變化越豐富，聽者就會覺得你的內容越有趣。

3. 不同語速：從頭到尾都用同一種速度說話會讓聽者覺得疲乏。相反地，不斷變化的說話節奏則會讓人覺得你很有活力，而且機智風趣，即使你內心很累或不在乎某些事情，還是應該注意說話速度要有變化。

4. 足夠的音量：說話不應該太大聲，這樣顯得你很緊張。然後也不可以太小聲，這樣顯得不安、沒有自信。在同一空間裡的每個人應該聽得懂你在說什麼。

5. 停頓：膽怯的人會想要快點結束，從頭到尾完全沒有停頓。如果你想散發出有能力、自信、明確的感覺，那你就應該有意識地在說話過程中適時做一些停頓，也讓對方有機會問問題。

6. 避免尷尬語音：尤其「嗯」是軟弱語言的指標，絕對要避免，才能讓人覺得你做了充分準備。

7. 最後，方言和口音：我已經在前面講過口音和方言的壞處了。標準口音是王道，雖然有些人不喜歡聽到這句話。

當然你可以付錢給聲音訓練師，讓他留意你說話聲音裡的這七個面向。或者你也可以自己念一篇報紙文章，把你的聲音用錄音媒介錄起來，例如你的智慧型手機。

同時關注到所有這七種聲音工具不是很容易。就從其中一個開始——比如說變化語速。如果成功了，就再進行下一個。如果堅持下去，根據經驗，你就會越來越進步。

圈套 8 引用

> 一些富有學識的名言就妝點了全人類。
>
> ——海因里希・海涅

你一定有注意到我在每個章節開頭都放了一段跟主題相關的名言。這舉動當然是有經過思考的。第一，名言讓人覺得我博學多聞有智慧。第二，它讓正文變得生動活潑。第三，名言通常能將複雜的真理用簡短的句子精準說明。因此第四，在這個節奏快速的時代，名言非常有助於我們記憶，因為有時候快速讀過一篇文章後，唯一留在我們腦海裡的東西只剩引用的名言。

名言妝點了每段話語、每篇文章。它們的效果不可小覷。

如何靈活使用名言

網路上有很多名言資料庫，可以根據關鍵詞查詢，短時間內幾乎任何主題都可以找到一句有智慧的格言。除此之外，格言集等類似的書籍也很多。拿來當入門都很不錯。

更聰明的還有，在開會或演講時，引用貴賓或重要人物說過的話。假設你在開會，董事長也在——然後輪到你發言了。你用這段話開頭：「讓我再引用一次我們董事長一開始說的話，也就是……」如果你把這段話說得很有自信，不會讓人家覺得你想拍馬屁，那對你就有會兩種正面效應：第一，大老闆會記得你，因為誰不喜歡自己說過的話被引用呢？第二，別人會覺得你這個同事有在注意聽，你不是讀稿機，而是很有彈性地去適應要討論的內容。

給臭屁的人的一點拉丁文

用原文呈現名言也很有效。依觀眾的不同，可能會帶來其他效果。當然你要先確認發音正確，再很有自信地掌握那段名言，而不是照念。也許你在學校時有學過拉丁文，那就可以在適當時機拿出一些經典句子了，像是：

- *Dies diem docet.* ——天天向上。
- *Repetitio est mater studiorum.* ——熟能生巧。
- *Manus manum lavat.* ——一隻手洗另一隻手。（若你幫我，我也會幫你）。
- *Fas est ab hoste doceri.* ——敵人也可以讓我們學習。（三人行，必有我師焉）。
- *Fortiter in re, suaviter in modo.* ——外圓內方。

或者：*Vivere militare est.* ——生活就是戰鬥。

即使你在校沒學過拉丁文，這個古老的語言還是會在我們身上產生神奇的效果——所有想得到的主題，在網路上或書籍裡都有許多優美的拉丁文名言。[107] 當然也可以是法文、西班牙文或其他種語言。當然在使用上不能太誇張，每段話使用一個讓人印象深刻的名言就很夠了！

圈套 9 被動語態

人使用語言僅是爲了掩飾自己的想法。

——伏爾泰

讓我們來看看一個經常被低估的重要言語技巧：被動語態。每個公務員都知道被動語態有多好用，在很多日常生活的情況也很實用。以下我們就舉幾個例子，同時也讓你知道，如果你想操控某人，可以如何使用這個變化形式。

• 主動句轉換成被動句之後，失去了主詞，就沒人要負責：「這件事沒能及時完成。」這句話沒透露「到底是誰」太晚完成這件事。因此，被動語態有助犯錯時隱藏自己的身分。

記住

被動語態能讓當事者匿名，讓敘述內容客觀，並且呈現雙重涵義。

- 被動語態會讓人覺得很客觀，一個好例子：「為什麼要給X優先權，讓人信服的理由並未被發現。」這句話透過它表面上的中立使人信服。聽起來像是一個絕對客觀、不帶任何成見的組織或專家寫的。也許事實上是有那些理由，但那句話聽起來是如此公正不偏頗，幾乎不會引起質疑。
- 最後，被動語態有利於雙重涵義的運用，一個例子：「會議中決議，廠區內部禁止吸菸。」這句話本身聽起來沒怎樣，但事實上，我們不知道員工是自願與會還是被迫與會，也不清楚是員工或主管決定禁止吸菸的。因此，被動語態可以讓片面事實發揮功用，可以掩飾自己做過或沒做的事。

圈套 10 十項小技巧

改善風格——就是改善想法，沒有其他！

——尼采

最後，還有一份言語技巧清單，這些技巧的效果非常好。我們每天說出上千個詞語，而我們的說話風格當然還有很大的改善空間，無人例外。有些小詞彙和說法能立刻改善我們的日常溝通。這裡是最重要的十個：

1. 用「而且」取代「但是」：「但是」意思是反駁，可是大家都極度討厭被反駁。若你是想提出反對意見，還是可以在百分之九十九的情況下巧妙地用「而且」取代「但是」，這樣會顯得比較和諧，你只是在補充說明（安撫對方）。當然也更能操控對方。

2.「雖然……但是……」：一般人也都討厭聽見主觀且片面的描述。而「雖然，但是」句子可以顯示出我們有顧慮到跟自身觀點相反的論點。至於我們是不是真的欣賞那些觀點，那就是另一回事了。

3. 用「我們」取代「我」：「我」顯得以自我為中心，而「我們」則意味你也有想到其他人，而且其他人支持你。

4.「即使……」：假如你有很多個論點，那麼「即使」論點對你會有很大的幫助。如果你提的第一點對方不買帳，那你就可巧妙地導入一個完全獨立的新論點，不需要堅持第一點。

5.「所以您認為……」：把對方說過的話，換個方式重說一遍，這是很聰明的舉動，因為這樣會讓對方覺得我們有注意聽他講話。這個「主動傾聽」會提升他對你的好感，也因此提高了我們對他的影響力。

6. 複述：如果用不煩人的方式不斷重複一個想法，那個想法就一定會慢慢在對方的腦海裡紮根。另外，複述也會讓對方覺得我們對這件事很有自信。相較於沒自信的人，人會更相信有自信的人。

7.「一項獨立研究顯示……」：人都喜歡事實。如果用這句話導入一個訊息，就會在聽眾身上產生如權威論點般的強大效果。至於那項研究是否真的獨立或具有代表性，就先不討論。

8.「我不想說……」：你假裝好像不想強調某件，但其實你就是在強調。這個修辭手段（專有名詞叫「故抑其詞」）在古希臘羅馬時期就已廣為人知。我完全不想提說你不一定要背這個專有名詞。

9.「主句、主句、主句」：庫爾特・圖霍爾斯基（Kurt Tucholsky）在他《給一位爛講者的建議》一書中提到，[108]使用主句（專有名詞：並列結構）更能博得聽眾好感。不要一堆錯綜複雜的句子，而是簡單易懂的短主句。短主句的處理流暢度會高很多。川普幾乎完美掌握了這項準則。

10. 強調：對於句子裡的重要詞彙，應該要加以強調（專有名詞：強調），以利對方理解。另外，強調的詞彙轉移，意思通常也會轉移。

- 例①：「**我們**不想要他。」——強調「誰」不想要他。
- 例②：「我們**不想**要他。」——強調我們「不願意」要他。
- 例③：「我們不想要**他**。」——強調我們不想要「他這個人」。

如果你對言語技巧有興趣，想多學其他修辭形式，在維基百科上你可以找到一個很有趣的列表。[109]當然你不需要知道說話中斷法（Aposiopese）或軛式修飾法（Zeugma）是什麼，但我如果是你，我會立刻把上述十個技巧融入進我的話語。

關於言語技巧的日常操控實例，你可以在www.mediathek-der-manipulation.de上看影片。

好，最佳言語操控技巧到此結束。現在我們要進入邏輯陷阱的操控——所謂的謬誤。

3

招數三：謬誤

透過假象來迷惑別人很容易。

——盧梭

大多數人都沒有受過論證訓練，頂多就是高中時學過。論證是由一個主張、一個支持主張的理由以及一個用來說明的例子所組成。然而一個有說服力的理由是什麼樣子、在哪些前提下那個理由能夠證明主張，對絕大多數人都是個謎。正是因為這樣，用謬誤迷惑他人才會這麼容易。

前面提過的「影印機實驗」證明，光有「因為」這兩個字就夠讓人滿足了，沒人會去檢查接在因為之後的理由是否真的相關。現在我們開始介紹暗黑說話術的第三個招數：使用謬誤的邏輯操控，本段落會再更深入探討這個主題。這些謬誤表面上聽起來合理，所以很多人會上當，但事實上，給出的理由不是無關就是錯誤的。

亞里斯多德是首位對謬論進行系統性探討的人，也就是在前面已經提過的詭辯。謬論的清單已經隨著時間越來越長，假理由也越來越有創意。有些比較感性，有些比較理性。想要成功進行操控，當然就要使用那個在特定人士身上最有可能成功的謬誤。

在我們開始之前，還有一個小提示：很多謬誤從古希臘羅馬時期就有了，所以大多都有拉丁文名稱。認識那些專有名詞對你會很有利，有人對你使出某個謬誤時，你就可以馬上提出反駁。如果你認真鑽研接下來介紹的謬誤，那麼「Ad nauseam（訴諸反覆）對我沒效！」這樣的一句話對你來說就隨手可得，又能先發制人，讓對手無計可施。

前言就講到這裡！讓我們開始來看看在日常生活中非常有效的十三種謬誤。

謬誤

1 不相關言論

人生就是不斷地偏離，
連思考是什麼東西使我們偏離的機會都沒有。

——卡夫卡

我們可以在回答時給出一個詳細的理由，聽起來極度聰明，但到最後會發現跟原本的問題一點關係都沒有（政客天天在這樣講話）。我已經於本書開頭「在一無所知的情況下安全對話」一章中簡單提過人是多麼容易放棄和漂走。

如前所述，亞里斯多德已經提過這個技巧，在他詭辯的拉丁文譯本中，這個技巧被稱為ignoratio elenchi（不相干的謬誤），[110]意即說一些跟真實討論主題無關的東西。說話者會提出充分理由，只是並不是原本應該要證明的。如此一來，必要時——比如說不知道答案或不想被纏住——你就可以用滔滔不絕的話來把提問的人搞糊塗，忘記他原本問的問題。

對此，歷史上最有名的例子出自甘迺迪參議員。當時一位記者向他提出一個很簡單的問題：「您為什麼想當總統？」甘迺迪的回答很值得學習！他說：

> 理由是，我對這個國家深具信心。這個國家擁有比其他國家還要多的自然資源，有世界上最多有文化的居民、世界上最傑出的科技、世界上最優秀的創新機會以及最棒的政治體制。[111]

這整段話跟他想當總統的動機有什麼關係？但甘迺迪還繼續回答下去。他說：

> 我們正面臨複雜的事件和問題。我們之前就已經面臨過類似的挑戰。這個國家的精力和資源應該要集中在這些問題的處理上……尤其是經濟問題、通貨膨脹問題和能源問題。對這個國家來說，不斷往前走絕對是必要的——不能停滯，否則發展就會倒退。

聽起來很有道理吧？複雜的問題、能源、通貨膨脹、停滯……原本的問題是什麼？噢對，為什麼他想當總統。他回答了兩分鐘之後，我們還是不知道為什麼。這種虛假原因的拉丁文又稱為Non Causa pro Causa。

好，說到這裡，你應該已經被「促發」，可以採用排除謬誤的角度看所有事情。但如果你是在一個普通的日常情況裡聽到一個詳細但無關的答案，你很可能不會馬上注意到。如果政治人物能採用這個技巧，你當然也可以！

在職場上如何使用「不相關技巧」

假設你的部門主管想詢問你有關「X企劃案」的進度。又假設你正好不想談這個X企劃案。你主管問說：「穆勒先生，X企劃案的進度如何？」

根據不相關技巧的規則，你可以給的回答如下：「X企劃案進行得很順利，但Y企劃案目前需要進行很多重要調整。我想要為我們的團隊付出——而且我希望接下來也可以像以往一樣進行得那麼順利。與財務部門的合作跟過去幾個月比起來已經好很多了。你會很驚訝我們相處得那麼融洽。喔對了，有個問題想問您：我們應該什麼時候讓Y企劃案公諸於世呢？因為有很多同事建議現在就開始撰寫媒體聲明。」

這個轉移注意力的手段有可能會被人看破，但一般的部門主管現在應該已經在仔細思考你提到的Y企劃案，忘記他原來的問題了。這個例子狡猾的地方還有，你針對Y企劃案提了一個問題，把他思考的焦點轉移到那個企劃案上。

關於不相關技巧的小作業

假設伴侶指責你花太多時間在工作上。你不想正面迎擊這項指責，而是要說一些其他東西，轉移伴侶的注意力。現在，把這書放到旁邊一下，寫下你對這項指責的回答，至少七句。

謬誤 2 傳統論點

習慣、習俗和風俗的力量比事實還強大。

——伏爾泰

「我們一直以來都是這樣做的。」這句話你應該已經聽過無數次了。它一方面是一句格言論證，可以用來立即終止討論（前面解釋過），另一方面也可能是認真的。如果是這樣，它就比較難對付。

我們自己使用這個謬誤時，優勢在於，我們手上擁有的是一個多年來證實有用的方法。而挑戰方想要建議某個新事物，此時他處於劣勢，因為他建議的新方法還無法證實一定有效，更不用說效果是否會比目前的方法好。因為你可以說：「一鳥在手，勝過十鳥在林。」代表你重視安穩與連續，而且你要把那些打破傳統的建議描述成風險或危險。透過 Argumentum ad antiquitatem（傳統論點），應該可以順利打發相當多人——我們之前已經解釋過人類對損失的反感了！

另外，你應該已知道，「我們一直以來都是這樣做的」這句話是謬誤的，原因是它背後有兩個潛在的錯誤前提。第一，我們到目前為止，出於好理由去做某件事。不過，那個好理由未必是好的。第二，這段時間內並未出現更好的解決方式。這個假設也不一定正確。

其他說法

「我們一直以來都是這樣做的。」這樣說太老套，而且太多人這樣說。因此，你不妨採用一些更新版本，比如說：

- 「讓我們繼續用證實有效的方法吧。」
- 「永遠不要改變成功的團隊。」
- 「起厝起一半，師傅不能換。」
- 「寧願安穩不要冒險。」
- 「請不要危害我們的進展。」

傳統論點的職場實例

假設你同事想要推動一個新點子。他帶了支持數據、統計資料和論據來開會。如果你沒被他的方案說服，或者在其中看到對你不利的東西，你可以怎麼說呢？

透過以下這個方法，讓你在大多數情況下都可以順利終結討論：「好的，同事先生，恕我直言：這些數據的前提是很樂觀的假設。如果進行得沒那麼順利怎麼辦？如果我們的客戶不喜歡你提的新點子怎麼辦？那我們就無法得到你的那些數字囉，而會是赤字了。還是穩紮穩打比較好，不要冒險燒太多錢。原本的方法一直以來都運作得很好啊，拜託您不要危害這個情況。」

關於傳統論點的小作業

假設：你和伴侶這幾年來的夏天都去同一個地方度假。今年他想試試新地點，但你不想，你想繼續去之前那個你很喜歡的地方。

現在把這本書放到一邊，寫下你會怎麼回覆他，把重點放在「突顯你們至今的傳統是很珍貴的東西」。至少寫七句。

謬誤 3 攻擊人身

跟療癒比起來，言語更容易傷害人。

——歌德

對一個人的處境或特性加以攻擊，拉丁文叫作 Argumentum ad hominem。這個策略有三種變體：侮辱、井裡下毒、你也一樣。

侮辱

侮辱是本策略最典型的版本，先前我們已略有討論（關於川普如何藉著這些誹謗當上總統）。若在說話過程中巧妙插入侮辱，效果非常大，大部分人被侮辱之後會出現情緒化的反應，很快就失去理智。只有極少數人有辦法至少表面上保持冷靜專注。

會這樣的原因有很多，但最常是因為缺乏自信以及依賴他人的意見。

另外，叔本華將侮辱稱為Argumentum ad personam，他並且說，不要單純侮辱對方，而是「從容地讓他知道他是錯的，他的判斷和他的思考也都是錯的」，這樣更會激怒對方。[112]我們有時無法立即想到更優質的相反論點來反駁對方，所以「訴諸人身」就是最簡單的方法——雖然這方法不好。

井裡下毒

另一種類型叫井裡下毒（poisoning the well）。原始故事是，在敵軍將抵之前，把自家的井裡下毒，以削弱未來占領者的力量。

在實用上，這種謬誤指的是「在資訊發起人身上貼負面標籤」。不是對事實發表意見，而是「在井裡下毒」，也就是誹謗事情的源頭——提出問題的人。比如說：「安德列斯加入了邪教組織，所以他的意見我們真的不用聽！」這句話是想導出一個錯誤的結論：屬於某教派的人，都是不理智的，所以不可能提出理性的理由。其實，不管一個人所屬的教派、政黨或產業，都絕對有可能在某件事情上的看法是對的。

井裡下毒在應用上，也可以指責某人的偏頗或自私自利。你可以很壞心地直說：某個人那樣主張，只是在追求他自私的利益。而在我們這個好人世界裡，自私當然是一個很嚴重的指控。對方會很難證明他的中立。

你也一樣

另一種類型是所謂的「你也一樣」：指責某人沒遵守他自己提出的原則，然後試圖藉著這個前後矛盾的情況來批評對方。一個簡單的例子：吸菸的爸爸抓到他青春期的兒子抽菸。爸爸說，抽菸不健康，別再抽菸了（一個典型的矛盾）。然後兒子回他：「你也一樣在抽菸啊！」

「你也一樣」這個論證之所以是謬誤，是因為：儘管某人的矛盾行為，他提出的原則還是有可能是對的。但大部分人還是很容易落入這個圈套，因為他們可能有罪惡感。

這在職場上也有效。假設你同事指責你做出不道德的行為，再假設他是對的。如果你不想承認，也無法提出論點來辯解，那麼此時若你剛好也知道他的一些失禮之舉，就很有用了，可以藉此反駁他。

他過去的每次失足都可以，不一定要跟目前的情況有關：他去年不顧其他同事忙碌，悍然休假。他提早下班沒請假。他用辦公室資源寄私人信件。他沒有吃良心屠宰的肉品。他不捐錢做善事——所有想得到的都能夠使這位衛道人士名譽掃地。他會出現的標準反應是，開始為自己的錯誤行為辯解，使他變成箭靶。

謬誤 4 循環論證

道德就是當你有道德的時候。

——出自格奧爾格・畢希納《Woyzeck》

你一定還記得我最喜歡的修辭技巧，幾乎每場對話都可以用那個技巧停止：「就醬！（就是這樣！）」

這類的循環論證又被稱為Petitio Principii，拉丁文的意思是「乞求論點」。循環論證指的是主張與理由一樣，也就是沒證明什麼，只是內容上在繞圈圈。但如果你使用純熟，就完全不會有人注意到！

日常生活中的循環論證

我可以在這裡舉三個我這禮拜才剛碰到的例子：

1.「不斷指責自己，這樣很病態，因為那是不健康的。」
2.「我們無法控制我們的負面情緒，因為情緒是無法被影響的。」
3.「您可以信任我們，因為我們非常可靠。」

關於循環論證，還有一個出於宗教領域的經典：「聖經是上帝的話語，因為聖經如此記載。」

使用時，主張和理由不要用一樣的詞，這樣才能有效的把循環論證藏在裡面，不會被人注意到兩句陳述給出的訊息是相同的。[113]如果前述第一例寫成：「不斷指責自己，這樣很病態，因為那很病態。」就馬上會被發現。[114]

政治領域的循環論證

政治領域的論證模式也充滿了循環論證。一樣有三個例子：

1.「我們需要重一點的刑罰，因為目前的判刑尺度不夠。」

2.「我們應該設立難民數量的上限，因為沒有上限是不行的。」

3.「女性應該要能自己決定要不要墮胎，因此墮胎應該要合法。」

最後一句並沒有說明為什麼女性應該自己決定要不要墮胎，卻依舊做出「墮胎應該要合法」的結論。一個循環論證的經典情況！

記住

循環論證指的是，要證明的東西已經被預設成立了。

你可以注意一下政治人物的言辭。他們很少會給出真實理由，大多都只是在用換句話說的方式重複他們提出的主張。也可以留意一下同事和親人，他們也會這樣。一般人未必學過循環論證這個操控技巧，只是一般人使用循環論證時從來沒有受到質疑，然後他們就會發現循環論證真的好用。

哲學家也使用循環論證

然而，循環論證不僅出現在政治領域和日常生活，連哲學家也在用。有個著名的例子是笛卡兒的「我思故我在」這句話。哲學家在這裡預設的前提是，只有存在的東西才正在思考。說得更好懂一些：因為在思考的本體是一個本體，所以它存在。他預設了存在這個前提——雖然「存在」就是需要被證明的東西。然而自從出現了人工智慧，我們就知道電腦也會思考——當代人工智慧不只會執行命令，更能自己發展出概念和解決方法。[115]即使如此，我們還是不會將一個獨立思考的電腦程式視為一個存在的本體。思考和存在並不一定相關。

再來一個出自洛克的循環論證：「沒有財產的地方，就沒有不公義。」因為財產概念的意思是有權擁有某樣東西，而「不公義」指的則是侵犯或傷害這項權利。[116]洛克定義這兩個概念的方式是，概念的定義已經預設了結論。他也聰明地把他的「證明」去跟歐基里得的數學證明相互對照，而這個對照又給了他的論證更大的分量。藏得好啊，洛克先生！（但是，財產和不公義不一定相關，像是在共產社會裡就可以看到，雖然沒有財產權，但還是存在著不公義——例如謀殺。因此，洛克對財產和不公義的定義並不一定符合邏輯。）

如同在笛卡兒和洛克兩位哲學家身上看到的，循環論證絕對不是一項容易看出的事情。把循環論證掌握得越好，它就越有幫助。

謬誤 5

滑坡論證

一則故事如果已經出現了最嚴重的轉折，那就是到尾聲了。

——弗里德里希・迪倫馬特（Friedrich Dürrenmatt）

滑坡論證指的是，透過以下說法說服他人：如果我們做出任何一點妥協讓步，就會打開「潘朵拉的盒子」，造成災難性後果。某個要求或建議遲早會導致「山坡滑動」，因此要加以拒絕。

政治領域裡的滑坡論證

近年來同性婚姻在許多國家引起激烈的討論。在這過程中，滑坡論證經常會出現。舉個例子來說，針對婚姻概念擴展到同性伴侶身上，一位前薩蘭邦的首長就這樣大聲斥責：

> 如果接受這個定義，那就不排除會有其他要求出現：比如說像近親或兩人以上的婚姻。我們眞的想要這樣嗎？[117]

先是同性婚姻，再來就是亂倫合法化、多重配偶制合法化……誰會想要這樣呢？但還不只這樣。保守派、很受共和黨員喜愛、二〇一七年四月因被指控對女性性騷擾而遭電視台開除的訪談節目主持人比爾・歐萊利（Bill O'Relly）就延伸這個論點，在一次廣播訪談中說：

我的看法是，這個行動長期進行下去會想要連婚姻都廢了。他們不想要婚姻，因爲婚姻不夠多元……然後你就可以跟十八個人結婚，你可以跟一隻鴨子結婚！爲什麼不可以？如果你愛上一隻鴨子，那誰能告訴你不可以？[118]

滑坡論證的核心就是危言聳聽。後果越嚴重，震懾的效果就越強，對方也就越有可能認同你，絕對不會跨出第一步。

在滑坡論證中提出的連環後果是否正確，通常很難驗證。而滑坡論證是否能成功說服對方，得看他的判斷力。因此，那些預言永遠都是不精確的，並未經過舉證。因為重點在可能性。需要評價的事件太過複雜，通常不太可能做出合乎邏輯且有效的推論。

日常生活中的滑坡論證

現在你知道了這個原理，以及它成功的可能性，當然就該學學如何在日常生活中使用。而這當然非常簡單。首先你要先定義你反對什麼，接著一步一步把這個想法往荒謬的方向鋪陳。假設你主管囑咐你去學習臉書廣告的操作，而你完全沒興趣，那麼這個滑坡論證就能立刻幫上忙：

如果我們現在投資臉書廣告，那當然就也要投資Google廣告和YouTube廣告。這樣就很貴了。然後我們的競爭對手看到我們用社群媒體打廣告——他們會立刻跟進，而且可能買廣告的錢花得還比我們多，那我們的廣告就完全沒效果了。更糟的是：那些流失的錢，本來可以用在別在的地方。

你可以更進一步，建議把錢投資在哪裡更好，這樣你的論證會更有效果。如此一來，他的注意力就完全從原本的主題上轉移了。

謬誤 6

顯著言論

健全的理智不是很普遍。

——伏爾泰

這項召喚虛假理性的技巧，同樣自古希臘羅馬時期開始就廣為人知。訴諸判斷論證會需要人類健全的理智與自身的判斷力。某件事情會被講述得非常理所當然，不需要再詳細說明理由。特定的副詞（或形容詞）會產生強化作用，比如說：

- 「毫無疑問地，穆勒先生的建議比邁爾先生的還要好。」
- 「很明顯地，我們可以把X公司的數字當作我們演算的基礎。」
- 「鄰居的說詞當然是正確的。」

如果還能讓對方相信「沒有任何一個能理智思考的人會質疑剛才的陳述」，那麼效果又會更強。一樣有幾個例子：

- 「每個小孩都知道，……」
- 「這會讓每個理智的人明白……」
- 「仔細思考過後，你就會知道……」

由於人都不喜歡被歸類為「不理智」，所以後面這些話才那麼有效。然而就算沒有後面這些「可能敗壞名譽」的說詞——例如在前面三句話的例子中——大多數人還是會因為「不想被歸類為不理智」而很少仔細去思考聽到的說法。這就是為什麼，如果你想說服某人去做某件事，這項工具在大多數情況下都很適合。

謬誤 7 訴諸情感

世上有一半錯誤產生的原因是，我們在應該思考的地方感受，在應該感受的地方思考。

——約翰・喬爾頓・科林斯（John Churton Collins）

訴諸情感，或者Argumentum ad passiones，是一種修辭方法，透過訴諸聽者的情感，說服他某些事情，而不是客觀地去證明你的論點。相較於接受理性理由的引導，很多人比較喜歡相信直覺。想要影響這些人，訴諸情感就會是一個成功機率很高的方法。

亞里斯多德認為有三大說服法：論證、講者性格、引發聽者情緒。我想補充一下，亞里斯多德把講者性格和引起情緒稱作「附加物」，並把論證視為修辭學的重點核心。（修辭學，第一冊，第一章）

情感本身非常多樣，訴諸情感的方法也各式各樣。我們可以訴諸恐懼（ad metum）、訴諸嫉妒（ad invidiam）、訴諸優越（ad superbiam）、訴諸厭惡（ad odium）、訴諸中庸（ad temperantiam）、訴諸憤怒（ad iram）、訴諸權威（ad verecundiam）——但當然也可以訴諸一些正面的情感，比如說像愛情、友誼、感謝之類的。其中的一些已經我已經在本書開頭提過了。

然而問題是，在具體情況裡，應該要訴諸哪一種情感呢？這個問題的答案是：依對方性格來判斷。我們假設——根據希波克拉底（Hippokrates von Kos）——人分種四種類型：易怒的人、憂鬱的人、冷靜（缺乏熱情）的人以及樂天（爽朗活潑）的人。每種類型分別要訴諸不同的情感：

1. 易怒的人一般來說很容易被激怒、情緒不穩定、容易暴怒。如果激起他的憤怒或厭惡，他很快就會失去理智，容易出差錯。同時很明顯的，一個人如果生氣，你就是找到了他的弱點。[119]當你知道他的阿基里斯腱在哪，他就難逃了。

2. 憂鬱的人一般情緒悲傷、心情沉重，而且極度敏感。但因為他也很忠誠、正派、有正義感，訴諸同情和「插足入門」技巧的效果特別好。

3. 冷靜的人一般不活潑、安靜、害羞。他們同時也很友善，常扮演中間人的角色，所以特別容易做出妥協。而又因為他們充滿憂慮、遲疑不決，也很容易受到訴諸恐懼技巧的影響。

4. 樂天的人一般很活潑、開朗、樂觀、外向和健談。正面的性情使他們容易受到正面情感的召喚，正面情感跟他們的性格最有共鳴，尤其是訴諸友誼、訴諸優越和樂觀陷阱在他們身上非常容易成功。

當然上述這四組只是理想形式，很少人單純屬於某一個類型，每個人都混合了不同成分，成為自己獨特的性格。操縱技巧好的人，同時也很會「看人」，能在短時間內判斷對方是什麼樣的人，找出他主要的性格類性，然後訴諸相對應的適當情感。

關於性格的描述，除了希波克拉底的四種類型以外，當然還有其他模組。近十年尤其像法蘭克・雪倫（Frank M. Scheelen）的四大顏色模組以及五大性格特質模組特別受歡迎，其中五大性格特質為現代性向測驗的基礎，

謬誤 8

不斷重複

重複十次，對方就會喜歡了。

——賀拉斯（Horaz）

本書前面已說過，訴諸反覆，重複到「令人作嘔」，可以用這個技巧來結束不喜歡的對話。即使某個論點與事實不符，還是可以透過重複這個論點來說服對方。最經典的說法是：「我已經跟你說過好幾千遍了，你應該要……因為……」

某人已經講了某件事很多次，並不一定就證明他的論點和理由是對的。即使如此，不斷重複還是有三大效果，會對我們所有人產生影響。第一，我們傾向會被這種方式說服：到了某個時間點，我們會直接放棄，因為受夠了。第二，當某人如此強調又堅定地主張某個論點，我們會覺得他會是對的。第三，我們隨著時間逐漸習慣他的想法，從某個時候開始，那個想法就不再像第一次聽到時那樣令人難以理解。

舉個例子來說，我清楚記得大學時我們的拉丁文老師每次下課前都用同樣一句話要求我們做作業。「就算您不想：請做作業，就是這樣！」

一開始我覺得這些話一點意義都沒有。為什麼因為「就是這樣」，所以我就得做某件事情？這不是理由啊！過了幾個星期，他每次都重複說這句話，我就習慣這個想法了——然後在家時也真的想：我要做拉丁文翻譯作業，就是這樣。

也許你也知道老加圖（Cato Maior）的Ceterum censeo（此外，我認為），他每次在元老院發言完都以這句話作結：「此外，我認為，必須毀滅迦太基。」就算元老院的會議內容跟迦太基這座城市（位於今日突尼西亞）完全無關，他也會說這句話。有句話叫滴水穿石，後來發生了什麼事呢？西元前一百五十年，元老院終於贊同他的意見，發兵進行第三次布匿戰爭（Bella punica），摧毀了迦太基。

當然囉，廣告也使用了不斷重複的原理，有時候真的是重複到令人作嘔。媒體專家都知道，就算某支廣告拍得很好，觀眾還是要看很多遍才會下手買產品。每位銷售員都清楚，針對潛在客戶，要多打電話給他、多寫信，他才會買產品。有些人要聯絡兩次，有些三次，最成功的銷售員甚至到十次。說的都是同樣的廣告和同樣的產品。

謬誤

9 錯誤概括

「永遠要」和「永遠不」是兩個你永遠要記得永遠不要用的詞。
——溫德爾・約翰遜（Wendell Johnson）

錯誤概括，或Argumentum ab exemplo，指只憑不充足或不具代表性的實例或樣本，就推論出歸納性的結論。經典句子像是一些很普遍的看法，比如說「每個政治人物都在說謊」、「每個男人都會偷吃」、「女人不會停車」或「美國人都很膚淺」

這些偏見通常發展自一個或多個以前的經驗，我們把這些經驗儲存在腦裡，然後隨著時間漸漸概括，讓我們更容易適應這個世界。但可以怎樣用這個機制進行操控呢？

實例

不管你想說服某人什麼，你需要的就只是一個容易記住、最好還得以證明的好例子。然後假裝那個樣本證明了某件事一定會，或至少通常會，跟那個樣本的情況一樣。其他不一樣的情況，你當然就不要提：

- 你是一位保險專員，想向一個認識的人推銷無就業能力險。為了說服他，你就找某個跟他同一個職業類型、最好還跟他差不多年紀的人，那個人有買無就業能力險，後來失能導致無法就業，現在每個月都拿到不錯的保險給付。
- 你不想跟你女朋友在五月的時候去塞浦勒斯，但她就是想在五月飛，因為她可以有三個星期的假。所以你找了一個認識的人，請他告訴你還有你女朋友說，之前他五月去塞浦勒斯度假時，那邊好冷喔，風超大的。雖然「以偏概全」是不正確的心態，但這段「證詞」絕對會對你女朋友產生影響。

而例子也可以完全是捏造的。只要你夠努力，幾乎所有事情都找得到樣本。不需要具有代表性——只要聽起來有道理。

反例

當然你也可以用反例來擾亂對手的論證。雖然一個例子證明不了什麼，說不定還是個例外，但我們不是在參加公平比賽。當然，還是要煞有其事提出來：

- 抽菸還是長壽？看看德國前總理赫爾穆特・施密特（Helmut Schmidt）
- 輟學還是變成億萬富翁？比爾・蓋茲（Bill Gates）
- 被許多出版社拒絕，但之後成功突破？作家J.K. 羅琳（J.K. Rowling）
- 人沒辦法在許多商業領域有遠見卓識、成功賺取利潤？伊隆・馬斯克（Elon Musk）

當然了，這份清單可以無限延伸下去。想找到完美的反例，在現在這個時代是史無前例地容易，只要在搜尋引擎上花夠多時間。

謬誤 10 與此故因此

相關不代表因果。

——佚名

某事情出現時，同時發生了另一件事。若兩者在時間或地點上有明顯相關，此時尚不能代表它們之間存在因果關係。若逕自認為兩者之間有因果關係，就會出現錯誤推斷（Cum hoc ergo propter hoc，與此故因此）。

一個政治界的典型例子是：應該要大規模禁止兒童與青少年接觸射擊遊戲，因為有些殺人狂玩過這些遊戲，政治人物就認為是這種射擊遊戲導致了屠殺。然而並沒有研究證實兩者之間有因果關係。

許多事情之間都有相關性。有些真的很不可思議，某些事情怎麼會年復一年都出現相同的發展。比如說，因為掉進游泳池而喪命的人數，跟尼可拉斯・凱吉參與演出的電影數量，就呈現顯著相關。[120]

你當然也可以利用這個技巧來為自己得利。舉個例子來說，你想要讓你的伴侶或小孩少吃點垃圾食物，那你就可以在網路上找到「速食餐廳廚師」跟「住院病人」之間呈現明顯相關的數據。或者假設你喜歡小酌，但你不想為自己找理由，而是想說「成功人士都會偶爾喝杯小酒」，口說無憑，何不在網路上找個學術研究，證實「酒精攝取」和「工作成就」呈顯著相關的學術研究呢？[121]

尋找事物之間的相關性與數據是一個方法。第二個方法是，自己把數據呈現成經過操控後的事實，就像馬克・吐溫說的：「先蒐集事實資料，然後愛怎麼扭曲就怎麼扭曲。」[122]

坊間已經有很多很有趣的書籍教你怎麼扭曲數據。[123]比如說可以聰明地選擇期間、有創意地更改單位、延伸軸線、預先整理樣本、美化圖表、用顏色引發特定情緒等等。感謝網路上的大量資料，只要花時間，就可以找到對你有利的相關性，然後再拼湊出一份漂亮的數據。接下來你就只需要宣稱那兩件事之間有因果關係就可以了。

謬誤

11 後此故因此

離婚有很多原因，最主要的是結婚這件事。

——傑利・路易斯（Jerry Lewis）

前章的「與此故因此」謬誤中，兩件事是同時出現；而在本章「後此故因此」謬誤中，則是一個先前發生的事件，被認為是後面那件事的原因。結婚是離婚的必要前提，發生的時間也一定在離婚之前，然而結婚當然未必是導致離婚的充分條件。

比如說，類似下列這種「後此故因此」的錯誤推論也常見：

- 前提①：很多夫妻不和時，都會去接受婚姻諮商。
- 前提②：然後他們大多會離婚。
- 結論：因此，接受婚姻諮商會提高離婚的可能性。

諮商當然不是原因，最多只是加速通常早就該發生的離婚。大部分夫妻都在情況已經相當糟的時候才去做婚姻諮商。

政治人物很會示範如何用「後此故因此」謬誤，讓情況變得對自己有利。舉個例子來說，如果經濟繁榮，那當然是因為政客「出色」的提振景氣方案。如果你是部門主管，然後你的團隊帶進了可觀的利潤，那當然就要感謝你的領導有方。如果貴部門先前很長一段時間狀況很糟，現在才終於賺錢，你就說你原本的方案需要時間開花結果。

如果你是爸爸或媽媽，你的小孩表現很讚，那你當然就可以把這當作是你的功勞：小孩會成功，是因為你之前陪著他一起做功課、拖他去學音樂或者幫他付補習費。

謬誤 12 利益論點

所有人湧向黃金，所有人緊抓著黃金不放，是的，所有人。
唉，可憐的我們！。

——出自歌德《浮士德》

人會去做「對」的事情，還是比較喜歡去做對自己有益的事？我提出這個問題之後，通常聽到的答案是：「當然我有我的基本信念，我努力遵守。當我有很多選擇的時候，我當然就會挑對我最有益的那些。」然而真的是這樣嗎？我的客戶來自來自不同的職業類型，從他們身上，我得以一窺事實真相。表面上大家都「高尚無私、樂於助人、親切友善」。這當然。但真實的動機是什麼？

答案會讓人幻想破滅：我們都是極端的利益最大化者。我們宣稱的原則或基本信念，只是表現給人家看的。至於自己真實的自私動機，則盡量不要提。

比方說一位醫生幫每位病人看診的時間只有幾分鐘。如果他真的把他的最高原則——如同他所宣稱的——幫助病患，視為第一優先，那他應該就不會診療個三分鐘就把病人打發走，像是工廠生產線似的。當然，把利潤最大化視為首要原則的並不只有醫生。

有些老師每年上課都重複講一模一樣的內容。如果教育的最高原則真的如他們所說的，是要讓學生學以致用，那麼他們的課應該會很有趣，會依據實際情況作修正。然而這樣要花時間。當然，也不是只有老師在追求舒適安逸而已。

護理師薪資相對較低，但工作壓力大，要輪班也要加班。想到護士，第一時間不會想到自私。然而當私底下在討論誰對社會做了什麼貢獻的時候，有些護理人員就會表現出道德上的優越感。但這個情況，也不是只有出現在他們身上而已。

每個人都有一個他特別重視的特定利益，超過所有其他基本需求，並且自私地去追求這個利益——有時用老實的方法，有時用不正當的方法。當你瞭解對方人生中哪個利益優先，你就幾乎什麼東西都可以賣給他。我說的「賣」，當然不只是產品或服務，想法也是。

對此，就有了Argumentum ab utili（訴諸益處）：不是針對對方的理解力，而是他的意願，因為「對大部分人而言，意願比理解和信念還要重要。」[124]為了發揮最好效果，第一步要先知道對方最主要的利益類型（最強的基本需求），然後第二步要把用來進行操控的訊息內容包裝得完美符合對方的主要需求。叔本華已經寫過類似的話：

如果能讓對手感覺到他的想法實現的話，會對他的利益造成損害，他就會快速略過那個意見，就像不小心碰到熾熱的鐵塊一樣。[125]

我們分別來看看最普遍的幾種不同基本需求以及對應的利益類型。

基本需求❶　確定性／安全性

對有些人來說，確定性和安全性勝過一切。比如說有些人高中畢業以後就選擇去當稅務人員，不是因為工作內容有趣，不是因為能得到認同，而是因為很穩定，完全可以規劃自己的人生：工作地點不變、薪資微幅調漲、工作內容簡明。零風險。

如果想影響這類型的人，你就要把你的訊息包裝得非常安全。這裡最適合的是傳統論證（請見先前討論）。如果你想說服你以安全為導向的伴侶，第十次前往西班牙馬約卡島，那你就說你們對那裡很熟悉，清楚知道哪裡很安靜、哪裡有好吃的——如果去新的地方，就無法保證有這些東西。

如果想勸他不要去做某件事，那就要把那個未來的情況說得極度不可預料、充滿風險，很可能會讓他偏離安全的道路。

基本需求❷ 變化

有些人喜歡盡可能體驗多一點東西。新東西就是好東西。守舊、穩定的東西很無聊。最好能經常會換城市、換女朋友或換工作。

這裡的相關謬誤是訴諸新潮 Argumentum ad novitatem，這本書裡還沒有提過。比如說你想跟以變化為導向的伴侶第十次前往西班牙馬約卡島，你就跟他說一些那座島上他還不知道的事情。

基本需求❸　深刻的人際連結關係

有些人不求工作上飛黃騰達，不想在法國蔚藍海岸有間房子，對他們來說，人生中最重要的是要有長期、深刻的關係。你一定也認識某個人為了伴侶放棄工作或搬到地球的另一端，只是因為不想離最愛太遠。

想要賣東西給這些人，最簡單的方式就是說那樣東西能強化關係。相關的謬誤當然是召喚友誼或愛情（前面提過）。若你不想再去馬約卡島，你就說你在那裡很容易被干擾——比起喧鬧的派對島嶼，你比較想在家舒服暢談。如此一來，你那以關係為導向的伴侶就會照你的意思被影響。

基本需求❹　成長／發展

有些人想持續精進自己，他們的座右銘是不進則退。想成功影響這類人，就要指出，如果做了某件事，他就能夠成長、進步。

如果你還是想去馬約卡島，你可能就可以跟你的伴侶說，如果去那裡，他就又有時間可以複習他這一年來有點生疏的西班牙文。稱讚他說，你覺得他這麼好學真的好棒——能聽到他說西班牙文對你來說真的太好了。這些詞語都很適合用來加強效果。

基本需求❺　自我實現／自決

這種人不喜歡守規則，或規則越少越好。擺脫指令和常規，不受其約束，絕對是人生理想。針對這樣強烈渴望自由的人，就要藉著「自主論證」跟他說，某件事會增加他的自由和選擇機會。

這次我們不去馬約卡島，我們舉一個職場的例子：假設某位應徵者讓你覺得他比較喜歡獨立工作，而你很想要他加入你的團隊，你的任務就是讓他知道，他會有自己的一間辦公室、工作時間彈性，而且可以在家工作。對一個喜歡自由的人而言，這些面向比薪水還重要。

基本需求❻　利他主義／對社會的貢獻

如同已經提過的護理師例子，有些人人生中最想要的就是「對社會有所貢獻」。

幫助別人讓他們感覺良好，而且他們也喜歡被認為是「無私」的。

同樣是工作上的例子：如果你的團隊裡有這樣一位員工，那當然就要用充滿理想主義的論點跟他說，他的所做所為，將會為這個社會帶來多少益處。比如說他要賣個人退休保險，那當然不是因為要賺錢，而是為了填補我們國家近十年因為人口變遷而遭受的預防漏洞，防止社會政策的崩潰。

基本需求❼ 跟某個團體之間的連結感／歸屬感

有些人會不顧一切地想成為某個團體的一部分。不惜任何代價。青少年夢想跟酷炫的人同一團。成年人則絕對想成為某個協會、部門或派系不可或缺的一部分。

就是因為這樣，這些人特別容易受到「訴諸多數」技巧的操控。你的任務是，讓他知道，他想要加入的那個團體的其他人有做這件事或是有做那件事，所以他應該也要做。比如說很多同事加班以後會去喝點東西。某位員工雖然不是很熱衷下班之後還要應酬，但你就強調和同事下班一起喝啤酒這件事，讓他覺得如果他不去，就不是他們的一分子。

基本需求❽　認可／成功

你一定認識一些特別需要他人認可的人。成功是他們的人生目標，其他東西都是次要。在這種情況下，優於常人技巧就極為有效（請見「優於常人幻覺」）。如果你有一位這樣的員工，你就要讓他有成功的感覺。一方面可以透過美化過的職稱（請見前面「使用委婉詞，讓人顯得更重要更友善」），另一方面，定期讚美、表揚、禮物和排名也會有幫助。排名指的是，拿他的表現來跟那些被他超車的同事比較。直銷產業在這方面做得特別成功，他們會定期貼出一張表格，上面列出最佳銷售員的名字。

基本需求❾　依據

不是每個人都有願景或動機。有些人到人生的最後都還不知道自己想要什麼。這樣的人很常會去遵循對他們的嗜好或工作重要的權威。

對於這類人，權威論證當然就極度有效（請見「訴諸權威」）。如果你想使一位這樣的員工或同事接下某項任務，也許你就在提出時引用公司老闆的話加強他的動機，大多數時候都會有效。

基本需求⑩ 舒適／休閒時間

有人會說，所謂的千禧世代認為休閒時間和舒適勝過一切，他們會發明出「小確幸」這個詞不是沒有道理。但當然老人當中也有以享受為導向的人。

這類型的人最好用享樂主義式的論證來讓他們上鉤。舉個例子來說，你有這樣一位員工，那就允許他在上班時間玩某些遊戲，這就是一個很好的誘餌（桌上足球在美式企業裡就很受歡迎）。如此一來，你會讓他覺得他的休閒活動也可以在上班時間做——引誘他晚上在公司待久一點。

基本需求⑪ 利潤

最後是「愛錢」的人：他盡一切可能賺更多錢。每天加班，下班時間隨call隨到，周末也工作。他很追求金錢，非常努力工作，有時候完全沒時間花錢。

對於這類人，有效當然就是經濟論證。舉例來說，假如你有這樣一位員工，你就祭出業績目標——如果他達到目標，就有獎金或業績分紅。其他東西他不會太有興趣。獎金或業績分紅需要公平嗎？對此，我只引用一位聰明但不有名的作者說的話：「在人生當中，得到的不是賺來的，而是談來的。」

如何辨識出利益類型與基本需求

基本需求和利益類型的清單很棒。然而最關鍵的問題是：在日常生活中，我要怎麼辨識出這些類型，我要如何知道哪個特定利益對對方最重要？要如何成功置入訴諸益處技巧？

答案很簡單，實際上執行起來，我承認，有點耗時——但是是做得到的！你必須盡可能蒐集關於你目標的資訊，越多越好，然後推論出他最主要的基本需求。我給你一些例子：

- 某人的辦公室在市中心，裝潢現代氣派，或者堅持別人要稱呼他「博士」：這是「認可／成功」基本需求的強烈跡象。
- 某人兼差，但他很驕傲這一點，而且有個罕見、一般人不會有的興趣：這是「自我實現／自決」為基本需求的強烈跡象。
- 某人在政府機關工作，工作內容單調，而且還住在他出生的城市：這是「安全／穩定」為基本需求的強烈跡象。
- 某人喜歡看專業書籍，會談論科學實驗，而且會去參加課程，這是「成長／發展」為基本需求的強烈跡象。
- 某人說話的內容絕大部份都是他周末的活動，而且是跟他伴侶的旅行計畫：這是「舒適／休閒時間」為基本需求的強烈跡象。

對方在說話的時候，你一定要仔細聽，因為人會透露比他自己預期還要多的東西。當然你不是只找出一個跡象，而是要尋找許多指著同一個方向、能讓你推論出最主要基本需求的東西。一個人會同時有很多關心的事情和基本需求，但你稍加練習，還是會聽出他的主要需求，並且提出相對應的論點。

如果你和他不熟，那可以在網路上搜尋一下，也許可以在Xing、LinkedIn、Facebook或一般的搜尋引擎找到很多資訊。整體看過一遍之後，大多數人都會呈現一個明顯的傾向。如果你搜尋之後出現兩個或三個可能的主要利益，你不知道哪個才是最主要的，那你就事先想好聰明的問題，比如說選擇問句，然後藉此提煉出最主要的基本需求。

就算你是第一次見到某人——比如說一位新客戶——重點同樣也是要仔細聆聽他說話，並提出相關問題，然後找出他最關心的事情。因為只有當你能夠突顯出最精準的利益，魚兒才會上鉤——然後你才能得到你想要的東西。

記住

不管你用來進行操控的論點能不能說服你自己，這一點都不重要。需要覺得蟲好吃的是魚，不是釣魚的人。

謬誤

13 謬誤論證

人不是敗在自己的錯誤手上。人是敗在利用那些錯誤的敵人手上。

——庫爾特・圖霍爾斯基（Kurt Tucholsky）

本章的最後，我們再看一個很有趣的謬誤：謬誤論證或訴諸邏輯 Argumentum ad logicam。這種謬誤之所以是謬誤的地方在於：你揭穿對方的謬誤是個謬誤，所以他的主張是不可信的。

雖然你可以用專門的知識證明，但你那樣說還是一個謬誤，因為對方的主張還是有可能是真的。也許只是對方對於論證並不是那麼熟練，完全沒意識到自己用了錯誤的論證來進行操控。然而你可以不要在意這件事。你就揭穿他，藉此破壞他的可信度。尤其在大眾面前或在開會的時候，這個方法特別有效。叔本華這樣形容：

最好幫每個手段都取一個簡短貼切的名字，這樣它被別人使用時，就可以立刻抵制。[126]

最有效的幾個謬誤我已經在本書中提了。但這些當然不是全部！在我們的線上平台上還有很多其他種謬誤，每種都附有簡短說明。馬上過去看看吧，擴展你的修辭寶庫。你的操控技巧會越來越好，並且能夠揭穿對手的謬誤。

關於謬誤的生活實例，你可以在www.mediathek-der-manipulationen.de看影片。

第三部

操控的道德性

道德有幾種？

我們在提出原則時，比遵守它們時還要嚴格。

——台奧多爾．馮塔納（Teodor Fontane）

某件事情在何種情況下是不道德的？這本書不道德嗎？它在鼓吹低級的行為嗎？操控別人一定是負面的嗎？每個人有自己的道德觀，這樣是道德的嗎？

就讓我們再稍微深入探討這些問題。

將道德加以定義並分級

1. 道德究竟是什麼？
2. 操控的不同道德等級

道德究竟是什麼？

研究道德的時候，我們很快會發現，大致上對道德的定義並沒有爭議。可是在具體的個別情況裡，哪種行為會被視為是「道德的」，每個人的看法就又極度不同。我們就從這個簡單的問題開始：要如何粗略定義道德？很多人會同意這個定義：

道德是所有規範以及所有應該規範人類品德行爲之價值和準則的總和。

但如果針對具體的日常情況，有趣的問題就來了。某件事是否「不道德」，常會引發激烈爭議。而且我們並沒有一個有約束力的最終權威，所以人類一生在道德問題上都是靠自己，並且隨著時間逐漸發展出自己的道德體系。

有宗教信仰的人可能會反駁說，上帝是定義道德的最終權威，為所有人類釐清道德問題。然而就算我們接受這個說法，還是有很多問題在聖經裡沒有提到，而且每位信徒，甚至是同一個宗教派別的，對問題的看法也完全不一樣。例如胚胎植入前遺傳篩選技術或同性戀是否道德。每位神父和教士對聖經的詮釋都不盡相同——而對於這些現代社會的問題，古老的聖經並沒有明確的答案。

這些行為是不道德的嗎？讓我們來看看以下這三種日常生活中的情況，包括行為者的內在動機。你會如何評價？

①一個抽菸的人在公車站點了一根香菸，他知道吸二手菸也會危害健康。他看到有些人看到他在抽菸後變了臉，他們明顯是不抽菸的人。我們這位抽菸的人想：「如果抽菸礙到他們，那他們就應該走開啊。」他是對的嗎？

②一個學生寫畢業論文時遇到麻煩，憂鬱症發作，她連一頁都寫不出來。她委託一家代辦以三千歐的價格幫她寫畢業論文。她心想：「我知道這是不合法的，但並不是不道德。我請代筆，並沒有傷害到任何人。」她是對的嗎？

③有位丈夫背著太太在外面跟別人亂搞。他知道這會讓他太太心碎，太太也會馬上結束婚姻（有一個小孩）。然而他想：「她絕對不會發現的。過去十年也都

進行得很順利。」而且，他甚至覺得不要讓太太知道這件事，這才是道德的，才不會對她和孩子造成情緒上的傷害。他是對的嗎？

我向我的教練客戶提出這些情況之後，有趣的事情發生了：每個人的評價都不一樣，每個人都有自己的理由。因為每個人都在生命歷程中發展出自己的道德。每個人的道德羅盤都指向不同的方向。

在針對個別情況進行道德評價時，除了自身的道德體系以外，自己關心的事情當然也扮演著重要的角色。狀況①裡，抽菸的人跟不抽菸的人給予這個情況的評價會不一樣。經常在學校考試作弊的人跟從不作弊的人，對狀況②的評價也會不同。最後，花心的人——有些數據顯示，這類人大約占了這個社會的三分之二（男性女性之間沒有顯著差異）——對狀況③的看法，當然就跟忠誠的人不一樣。但顯然一項行為的道德性，不能隨著行為者的視角而改變。如果每個人都想怎麼詮釋就怎麼詮釋，道德這個概念就太空洞和隨便了——除了道德相對主義者之外不這麼想。因此，我們必須要在「道德」這個主題上找到一個最小共識，提煉出概念，並為社會找到一個共同的基礎。

道德的最小定義

這樣的一個最小共識可能是什麼樣子呢？在所有文化裡，所謂的黃金定律似乎就是一個最小共識。一句很有名的話說：**己所不欲，勿施於人。**

類似的格言從西元前七世紀開始，就在古埃及、印度、中國、波斯以及古希臘的哲學文本裡流傳。世界幾個主要宗教裡——印度教、佛教、伊斯蘭教、基督教、猶太教——黃金定律也以不同的形式存在，例如路德聖經裡的論述就叫：「你們希望人怎樣待你，你也要怎樣待人。」（多比傳 4, 15）

最偉大的思想家之一康德，進一步思考了黃金定律，並透過他的「定言令式」將黃金定律普遍化，解決了一些它的哲學問題。舉個例子來說，黃金定律是訴諸於主觀需求，它的前提是，一個人會追求自身的福祉。但情況不一定是這樣。黃金定律還有一個問題是，它定調行為是負面的，並未提出對他人的正面義務。「定言令式」訴諸的是理性，不是快樂原則，因為快樂原則無法普遍化。然而定言令式是否真的有擺脫負面論述，或者到最後並未由利己主義披著理智的外衣，來決定什麼是「普遍法則」，這就是另外更深一層的哲學辯論，跟本書無關。我們只需要知道，黃金定律普遍為世人所接受。以下是康德的論述：

除非你意志的準則也能被視爲一項普遍法則，否則不要依之行動。127

使用這項定律來檢驗道德原則，是相當可靠的方法。例如有人說，趕時間的時候闖紅燈在道德上是沒有問題的，那就會害到自己和所有其他用路人。這就不能被用來當作普遍法則。

這些我們直觀上都知道，不用麻煩康德：使他人遭受損害是不道德的。現在是時候把這項普遍原則應用到我們的主題上了：日常生活中的操控是不道德的嗎？

操控的不同道德等級

一般的答案前面已經說過了：當操控行為使他人遭受損害，就是不道德的。然而道德性（或者不道德性）的高低，除了取決於損害程度以外，也取決於不法意識的多寡。

記住

損害程度與不法意識的多寡，決定一項行為的道德值。

第一個準則很簡單：造成的損害越大，操控行為就越不道德。我從某人身上偷走十歐，跟我把他洗劫一空比起來，前者可譴責的程度較小。此標準也可稱作「客觀構成要件」（objektiven Tatbestand）。

然而行為者的主觀構成要件（subjektive Tatbestand），在評斷道德性（或不道德性）的過程中，同樣扮演了重要的角色。法學發展出了一套精確系統，能將罪行的嚴重性清楚歸類。每個人都聽過「故意」和「過失」。用白話來說，故意的意思就是明知且有意使其發生，致他人遭受損害；而過失則是指非故意（差不多是出於疏忽）傷害他人。而不法意識，主觀可譴責性，則又可再細分。我們參看下頁的圖表。

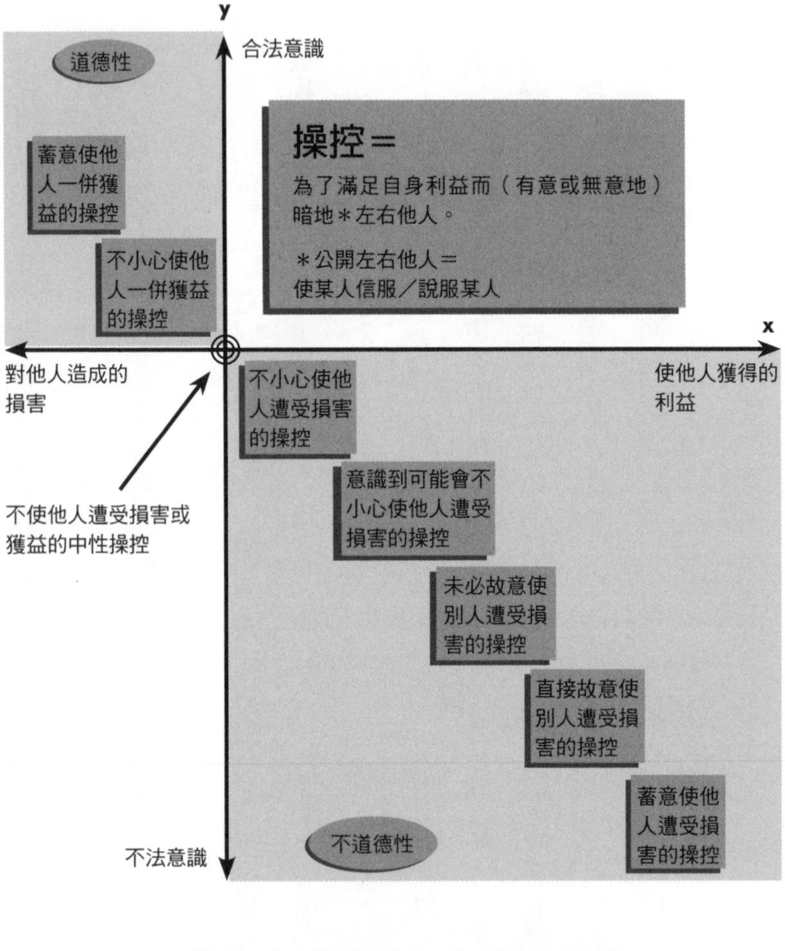

矩陣：判定操控行為的道德性

這張圖說明了一項操控行為在道德上應該要被歸類在哪裡。X軸是操控行為的客觀構成要件，意即一項行為是否為他人帶來益處或損害。Y軸則是操控者主觀構成要件的程度，意即操控者是在哪種合法意識（或不法意識）下進行操控行為。

最上面那個階層，故意使他人一併獲益的操控，是「最有道德」的操控形式。最下層，蓄意使他人遭受損害的操控，則是最沒有道德的操控形式。我們來仔細看一下。

1 蓄意使他人一併獲益的操控

如前所述，這個操控形式含有的道德程度最高。操控者除了自身利益以外，也想有意地為他人製造益處，而且也做到了。

現在你當然可能會問：既然對方到最後會從你希望的結果中獲益，為什麼還要操控他呢？情況可能有很多種。

一個可能的情況是，正直的操控者出於時間因素，沒辦法給出完整的論證或進行詳細的討論，因為需要盡快做出決定。所以他就用了一個直接有效的操控技巧。

另一個可能的情況是，操控者受到對方質疑。所有從操控者嘴裡說出來的東西，都會被對方拒絕。然而操控者還是想讓對方得益，所以就隱密地進行。舉個例子來說，青少年賭氣時偏偏要跟父母所說的唱反調，此時操控者就可以建議青少年去做操控者其實不想要青少年做的事，借力使力（利用抗拒心理）。

最後還有另一個可能情況，比方說善意的操控者腦中的知識比對方多很多，但這知識太複雜，對方無法理解，那使用權威論證可能就會有神奇的效果。（請見權威論證段落）

【例子】A透過認知偏誤、謬誤和言語技巧說服B投資一大筆錢到一項金融產品上。A明確知道，B不會有任何風險。A雖然很高興賺到佣金，但也很開心能幫到B。

2 不小心使他人一併獲益的操控

道德性第二高的操控形式是，操控者無心利用受害者。在此情況下，客觀來看，雙方都得到好處（雙贏局面）。但主觀來看，只有操控者獲益。

在這裡要強調的是，操控者必須清楚知道，對方絕對不會受到損害。在操控者的想像裡，對方到最後要不就是未受損害，要不就是獲益。

關於使他人獲益，理論上還分成「意識到不小心使他人獲益」、「未必故意使他人獲益」和「直接故意使他人獲益」。這三種樣態可再補充進入上方圖表內容，但這些形式之間的道德性差距微乎其微，所以沒放進圖裡。（理論上，我們這裡可以反駁說，有道德的行為一定都是故意、有心的。但我覺得，一個人可以明確排除對對方造成損害的可能，給予他中性或正面的選項，至少在最低程度上是道德的。但當然你也可以爭辯說，在這個形式裡，「善行」純粹是偶然——因此不是有道德的行為。）

【例子】 A透過認知偏誤、謬誤和言語技巧說服B投資一項金融產品。A不知道，B是否會有金錢上的獲利。但A明確知道，B不會有損失。最後，B意外地從投資中賺進了可觀利潤。A很高興賺到佣金，但是「B成功賺進利潤」這件事對他來說不重要。

3 不使他人遭受損害或獲益的中性操控

也可能操控者從中獲得好處，但受害者並不會有利益或損害，對方也不知道自己被操控。這個行為可以稱作道德「中立」。

【例子】A（有意或無意地）透過認知偏誤、謬誤和言語技巧說服他不熟悉的B投資一項金融產品。A知道，B不會有任何獲利，但也不會有任何損失。A還是很高興透過促成這筆交易賺到佣金。

4 不小心使他人遭受損害的操控

不小心進行操控的人，完全沒有不法意識，但其實應該要有。法律人士說得很好，行為者疏忽了必要的小心謹慎，對受害者造成意想不到、出乎意料的損害。

【例子】A無意間透過認知偏誤、謬誤和言語技巧說服他不熟悉的B投資一項金融產品。A不知道，這項投資會導致B的損失。如果他自己有研究過這項金融產品，在簡單搜尋過相關資料之後，就會知道這對B一定是一筆虧損的交易。但A因為懶散，就沒做功課。

記住

在檢視這些不法意識的區別時，當然不能忘記損害程度——也就是客觀構成要件——同樣對道德性的評價非常重要。在有些情況裡，雖然有些人的動機低劣，但負面效果很微小。相反地，在有些情況裡，某人只是稍稍不小心，卻對受害者造成巨大的損害。

5 意識到可能會不小心使他人遭受損害的操控

往道德刻度表的下方移動，我們來到了意識到可能會不小心使他人遭受損害的操控。操控者認為損害有可能出現，但不想要它出現。

【例子】A透過認知偏誤、謬誤和言語技巧說服他不熟悉的B投資一項金融產品。A推測，有一定的可能，B會有財務上的損失——但他心想：「會沒事的。」

6 未必故意使別人遭受損害的操控

未必故意使別人遭受損害的操控，操控者的不法意識又更清楚。他認為損害有可能出現，同時也接受這件事。也就是說，即使風險極高，操控者還是進行了操控，不覺得到最後會沒事的。

【例子】A透過認知偏誤、謬誤和言語技巧說服他不熟悉的B投資一項金融產品。A強烈推測，有巒高程度的可能，B會有財務上的損失——但他心想：「有就有吧！」

7 直接故意使別人遭受損害的操控

直接故意，在知道會有損害的情況下進行操控，這是更不道德的行為。在這個情況裡，他「明確知道」受害者會遭受損失，然而操控者並沒有希望損害出現。

【例子】A透過認知偏誤、謬誤和言語技巧說服他不熟悉的B投資一項金融產品。A知道，B百分之百會有財務上的損失——他不一定想讓B遭受損害，只是想賺點佣金。

8 蓄意使他人遭受損害的操控

蓄意進行操控時，不法意識最強。操控者不僅知道他會使某人遭受損害，他也明確想要損害發生。

【例子】A透過認知偏誤、謬誤和言語技巧說服他不熟悉的B投資一項金融產品。A知道，B百分之百會有嚴重的財務損失——而這也正好是他的目的。他想要B破產。

記住

儘管所有操控技巧都被抹黑，但只有在操控者為了自身利益，同時出自故意或過失對他人造成損害時，操控行為才是不道德的。如果操控行為在他人身上沒造成損害，或帶來正面的效果，那它也可能是道德「中立」或甚至是珍貴的。

結語

操控無所不在

好男人永遠排最後。
誠實的人永遠都是笨蛋。

——英文和德文諺語

誠實經常會被利用。友誼也是。甚至還可以說：人越好，被占便宜的風險就越高。所以我會說：當好人是過去的事了！也因為如此，本書可以稱之為：在被操控之前先操控別人！

要手段的行為當然不是現代才有，它也不是侷限於某地的現象。因此，在我給你最後三個技巧之前，我想再簡短探討一下操控行為在全世界文化的紮根有多深。

古希臘時期，已經出現了對於操控技巧道德性及有效性的激烈爭辯。波拉圖和亞里斯多德是事實的捍衛者，告誡世人要避免欺騙。相反地，他們的對手則大多比較實際，認為修辭能力會帶領人類前進。例如普羅達哥拉斯（Protagoras）就誇耀說自己能透過言語的力量把較弱的論證變強。喬奇亞斯（Georgias）也被認為能夠透過修辭技藝把不可信的說成可信。荷馬「詭計多端的奧德賽」因為其創造力以及其用來騙過對手、聰明避開危險的欺騙方法而受到吹捧。

操控技巧在中國古代也是一個重要的主題。特別出自檀道濟將軍（西元前五世紀）的三十六計，就是用來騙過對手的聰明操控方法。直到今天，它在中國都還普遍為人所知，在很多省份還是學校的閱讀教材。以下摘錄一些中國的計謀：

- 「以逸待勞。」
- 「趁火打劫。」
- 「聲東擊西。」
- 「笑裡藏刀。」

- 「上屋抽梯。」[128]

當然了，不同時代的世界文學也都充滿了陰謀、詭計和操控。無論是薄伽丘的《十日談》、福樓拜的《包法利夫人》、歌德的《浮士德》、莎士比亞的《哈姆雷特》、杜斯妥也夫斯基的《罪與罰》：極端的利己主義以及人物彼此之間的影響，是這些世界經典裡不變的主題。

兩部關於操控的著作特別突出：馬基維利的《君主論》和叔本華的《論爭辯證法》。

馬基維利在他的書中，提供了君主如何在敵對的政治環境中奪取、確保並提高權力的技巧。以下兩個馬基維利的觀察，適合我們「操控」及「道德」主題：

- 人類太天真，太依賴瞬間的印象，所以想迷惑他們的人，總能找到迷惑的對象。[129]
- 人類是依據成效來評斷事情。每個人看到的都是你表面上的樣子，很少人能感覺出來你是誰。[130]

我已經引用過幾次的叔本華則說「人類的卑劣行徑」，同時指出：「他們說話之前並不思考，而就算他們之後發現自己的主張錯誤，也會想辦法讓它『看起來』是正確的樣子。」[131]

上世紀第一本成功指南書，戴爾・卡內基的《讓鱷魚開口說人話：卡內基教你掌握「攻心溝通兵法」的38堂課》（*How to Win Friends and Influence People*），提供讀者迅速喚起好感的技巧。而即使卡內基力求真實，許多技巧還是明顯具有操控性，例如：

- 微笑。微笑無價，而且會讓其他人感覺很棒。
- 記得別人的名字，因爲那是每個語言裡最可愛、最重要的字。
- 關心他人的利益。當我們這麼做，其他人會覺得被珍惜，也會珍惜我們。[132]

當然我們也不能忘記無數的修辭、溝通、談判和銷售訓練，世上有千千萬萬的人，正在接受像我這樣的修辭學家訓練如何有自信地登場、口齒伶俐地說話、機智地回答、進行更好的談判與銷售。學員們希望藉此有效影響他人，成功抵抗競爭，達成自己的目的。

我已經詳細說明過我們每天都在進行操控，而且從出生那天就開始。過去已經是這樣了。而如果我說：未來也會一直這樣下去，我也沒有在誇張。人都會想要影響他人。因此，應該要使用本書的操控技巧，在每天的操控遊戲中贏得勝利！所以本書最後，我還要給你最後三個技巧。

第一，我建議你列一張個人失敗的清單，因為我們最好能從自己的錯誤中學習。你現在已經知道最有效的操控技巧了，你至少可以在事後好好分析，上一次你是上了哪個修辭技巧的當。就像國際棋藝特級大師會回顧分析他們輸掉的棋局，找出該怎樣做才能和局或甚至逼死對方的方法，你也該逐一審視這張你被某人操控的個人失敗清單。審視時，紀錄以下幾點：

- 你是什麼時候、在哪裡、被誰、用什麼技巧愚弄的？
- 為什麼這個技巧當時對你那麼有效？
- 你可以怎麼做，讓自己下次遇到類似情況時不要再次上當？

清單越長，下次別人想操控你時，你的準備就越充分。

第二，不要過度操控。雖然現在你已經認識最重要的認知偏誤、言語技巧和謬誤，但你用得越頻繁，被別人發現的機率就越高。因此，我建議基本上當個誠實的人，然後藉此建立起你的可信度。有句聰明的英文諺語說：You have to pick your battles wisely.（你要聰明地選擇戰場）。然而這個想法並不是源自英國，而是中國古代的將軍孫子。孫子是西元前六世紀的人，他在著名的《孫子兵法》一書內指出，[133]如果沒有勝算，那就不要戰鬥。不是每個情況都值得堅持。

記住

若非必要，盡可能少進行操控。

第三，我建議你不時上我們的網站看看（www.mediathek-der-manipulationen.de）。閱讀本書時，有好幾次都提到這個網站，我會定期增添新的影片和操控技巧到那個平台上。如果你想，你可以寄給我你日常生活中的情況（也可以匿名），讓網站上的影片和操控建議更加豐富。你只需要上去那個網站，上面都有簡單扼要的說明。

人類的想像力沒有極限，影響他人的方法也有無限多種可能。因此，要持續擴展你的操控技巧——然後領先你身邊的其他人！

註釋與引用資料

1. Schon Aristoteles hat in seinen Sophistischen Widerlegungen, 5. Kapitel (Forgotten Books, 2015) vor über 2300 Jahren auf diesen Trick der Irrelevanztechnik hingewiesen. In der lateinischen Übersetzung heißt er »Ignoratio elenchi«. Dazu mehr im Abschnitt »Scheinargumente« ab S. 237.
2. Mehrabian/Wiener: »Decoding of Inconsistent Communications«, in: Journal of Personality and Social Psychology, 6, S. 109–114 (1967); Mehrabian/Ferris: »Inference of Attitudes from Nonverbal Communication in Two Channels«, in: Journal of Consulting and Clinical Psychology, 31, S. 248–252 (1967).
3. Mehrabian im BBC-Interview am 14.8.2009 in der Sendung »More or Less«, sinngemäße Übersetzung.
4. Siehe zum Beispiel Dion/Berscheid/Walster: »What is beautiful is good«, in: Journal of Personality and Social Psychology, 24, S. 285–290 (1972). Benannt wurde der Effekt Anfang des 20. Jahrhunderts von Edward Thorndike.
5. Thorndike: »A constant error in psychological ratings«, in: Journal of Applied Psychology, 4 (1), S. 25–29 (1920).
6. Todorov/Mandicodza/Goren/Hall: »Inferences of Competence from Faces Predict Election Outcomes«, in: Science, 308, S. 1623–1626 (2005).
7. Rosenthal/Jacobson: »Teachers' expectancies: Determinants of pupils IQ gains«, in: Psychological Reports, Harvard University, 19, S. 115–118 (1966).
8. Hemsley/Doob: »The Effect of Looking Behavior on Perceptions of Communicator's Credibility«, in: Journal of Applied Social Psychology, 8, S. 136–144 (1978).
9. Erickson/Lind/Johnson/O'Barr: »Speech Style and Impression Formation in a Court Setting. The Effect on Powerful and Powerless speech«, in: Journal of Experimental Social Psychology, 14, S. 266–279 (1978).
10. Kraus/Mendes: »Sartorial symbols of social class elicit class-consistent behavioral and physiological responses«, in: Journal of Experimental Psychology, 143 (6), S. 2330–2340 (2014).
11. Lefkowitz/Blake/Mouton, zitiert nach Cialdini: Influence. The Psychology of Persuasion, HarperBusiness, S. 227 (2007).
12. Doob/Gross, zitiert nach Cialdini, a. a. O., S. 229.
13. Cuddy/Wilmuth/Carney: »The Benefit of Power Posing Before a High-Stakes Social Evaluation«, in: Harvard Business School Working Paper, No. 13-027 (2012). Insbesondere auch Amy Cuddys Ted Talk »Your Body Language may shape who you are«, https://www.youtube.com/watch?v=Ks-_Mh1QhMc (Zugriff: 30.3.2018). Interessanterweise ist sich die Forschung mittlerweile nicht einig, ob power poses wirklich den Hormonspiegel verändern, siehe etwa Ranehill/Dreber/Johannesson: »Assessing the Robustness of Power Posing: No Effect on Hormones and Risk Tolerance in a Large Sample of Men and Women«, in: Psychological Science, 26 (5), S. 653–656 (2013). Doch selbst die Kritiker geben zu, dass die high power poses einen zumindest selbstsicherer fühlen lassen. Und das ist doch schon mal ein Vorteil.
14. Cuddy/Wilmuth/Carney, a. a. O.
15. Kraus/Mendes, a. a. O.
16. Burger/Messian/Patel/del Prado/Anderson: »What a Coincidence! The Effects of Incidental Similarity on Compliance«, in: Personality and Social Psychology Bulletin, S. 35–43 (2004).
17. Wer sich für das Thema »Lügen entlarven« interessiert, dem empfehle ich die US-Serie »Lie to me« (»Belüg mich«), in der ein Team von Täuschungsexperten anhand von Mikroexpressionen Lügner entlarvt (siehe zum Beispiel https://www.vox.de/cms/start-der-3-staffel-911337. html [Zugriff: 11.3.2018]). Die Serie basiert übrigens auf Forschungenvon Paul

Ekman.

18. Zitiert nach https://de.wikipedia.org/wiki/Lewinsky-Aff%C3%A4re (Zugriff: 12.3.2018).
19. Freedman/Fraser: »Compliance without pressure«, in: Journal of Personality and Social Psychology, 4 (2), S. 195–202 (1966).
20. Cialdini: Influence, a. a. O., S. 39 f.
21. Kelves: »Human Chromosomes – Down's Disorder and the Binder's Mistakes«, in: Engineering and Science, 48 (5), S. 8–27 (1985).
22. Das Münchhausen-Trilemma ist eine moderne Bezeichnung und verkürzte Darstellung der »Fünf Tropen der Skepsis« des antiken skeptischen Philosophen Agrippa, der im 1. Jahrhundert v. Chr. oder n. Chr. lebte. Die im Münchhausen-Trilemma noch fehlenden zwei Probleme sind: Dissens (es gibt unterschiedliche Auffassungen über alles Mögliche) und Relativität (der Standpunkt ist immer relativ zum Kontext).
23. Möglich ist es auch, dass dieses Zitat nicht von Rousseau stammt, sondern von François Fénelon. Doch es geht hier um die vermittelte Idee und weniger um den wahren Urheber. Von wem dieses und andere Zitate wirklich stammen – darüber können sich gern andere streiten.
24. Der Akkusativ rem hat im Lateinischen den Nominativ res (»die Sache«). Und hominem ist der Akkusativ von homo (»der Mensch«).
25. Lee/Quealy: »The 329 People, Places and Things Donald Trump Has Insulted on Twitter: A Complete List«, in: New York Times, https://www.nytimes.com/interactive/2016/01/28/upshot/donald-trump-twitterinsults.html?_r=0 (Zugriff: 11.5.2017).
26. Schopenhauer: Die Kunst, Recht zu behalten (auch bekannt unter dem Titel Eristische Dialektik), Area Verlag, »Letzter Kunstgriff« (38) (2007).
27. Ebenda, S. 8.
28. Dazu empfehle ich das Buch von Sam Harris: The Moral Landscape. How Science Can Determine Human Values, Free Press (2010).
29. Der Begriff geht auf eine populärwissenschaftliche Publikation der Psychologen David Dunning und Justin Kruger zu diesem Thema zurück, siehe https://de.wikipedia.org/wiki/Dunning-Kruger-Effekt (Zugriff: 20.3.2018).
30. Zitiert nach http://www.zitate-online.de/sprueche/allgemein/17084/nichtsauf-der-welt-ist-so-gerecht-verteilt.html (Zugriff: 20.3.2018).
31. Zitiert nach http://zitate.net/zitat-verstand-ged%c3%a4chtnis-klagen-4686 (Zugriff: 20.3.2018).
32. Zitiert nach https://gutezitate.com/zitat/164099 (Zugriff: 20.3.2018).
33. Swann/Read: »Self-Verification Processes. How we sustain our self-conceptions«, in: Journal of Experimental Social Psychology, 17 (4), S. 351–372 (1981).
34. Mehr dazu etwa im Buch Chabris/Simons: Der unsichtbare Gorilla. Wie unser Gehirn sich täuschen lässt, Piper (2011). Man findet das Video auch in mehreren Versionen im Netz, zum Beispiel auf https://www.youtube.com/watch?v=IGQmdoK_ZfY (Zugriff 20.3.2018).
35. Zitiert nach https://de.wikipedia.org/wiki/Kognitive_Dissonanz (Zugriff: 20.3.2018).
36. Zitiert nach https://de.wikipedia.org/wiki/Der_Fuchs_und_die_Trauben (Zugriff: 20.3.2018). Die Version stammt von Karl Wilhelm Ramler, einem Dichter der Aufklärung und der Empfindsamkeit.
37. Festinger/Carlsmith: »Cognitive consequences of forced compliance«, Journal of Abnormal and Social Psychology, 58, S. 203–210 (1959).
38. Cialdini/Cacioppo/Basset/Miller: »Low-ball procedure for producing compliance: Commitment then cost«, in: Journal of Personality and Social Psychology, 36 (5), S. 463–476 (1978).
39. Kraut, zitiert nach Cialdini, a. a. O., S. 77.
40. Siehe zum Beispiel https://de.wikipedia.org/wiki/Stanford-Prison-Experiment (Zugriff: 20.3.2018).
41. Strack/Martin/Schwarz: »Priming and Communication: The Social Determinants of Information Use in Judgments of Life Satisfaction«, in: European Journal of Social Psychology, 18 (5), S. 429–442 (1988).
42. Bargh/Chen/Burrows: »Automaticity of Social Behavior: Direct Effects of Trait Construct and Stereotype Activation on Action«, in: Journal of Personality and Social Psychology, 71 (2), S. 230–244 (1996).
43. Bargh/Pietromonaco: »Automatic information processing and social perception: The influence of trait information presented outside of conscious awareness on impression formation«, in: Journal of Personality and Social Psychology, 43 (3), S. 437–449 (1982).
44. Stajkovic/Locke/Blair: »A first examination of the relationships between primed subconscious goals, assigned conscious goals, and task performance«, in: Journal of Applied Psychology, 91 (5), S. 1172–1180 (2006).
45. Zitiert nach https://www.aphorismen.de/zitat/19331 (Zugriff: 20.3.2018).
46. Jacowitz/Kahneman: »Measures of Anchoring in Estimation Tasks«, in: Personality and Social Psychology Bulletin, 21, S. 1161–1166 (1995).
47. Tversky/Kahneman: »Judgement under Uncertainty: Heuristics and Biases«, in: Science, 185 (4157), S. 1124–1131 (1974).
48. Northcraft/Neale: »Experts, Amateurs, and Real Estate: An Anchoring-and-Adjustment Perspective on Property Pricing Decisions«, in: Organizational Behavior and Human Decision Processes, 39, S. 84–97 (1987).
49. Englich/Mussweiler: »Sentencing under Uncertainty: Anchoring Effects in

the Courtroom«, in: Journal of Applied Social Psychology, 31 (7), S. 1535–1551 (2001).
50. Asch: »Effects of group pressure upon the modification and distortion of judgment«, in: Guetzkow (Hg.): Groups, Leadership and Men, Carnegie Press (1951).
51. Cialdini: »Harnessing the science of persuasion«, in: Harvard Business Review, 79 (9), S. 72–79 (2001).
52. Lee: »The Multiple Source Effect and Synthesized Speech«, in: Human Communication Research, 30 (2), S. 182–207 (2004).
53. Zitiert nach https://www.aphorismen.de/zitat/10985 (Zugriff: 21.3.2018).
54. Zitiert nach https://de.wikiquote.org/wiki/Mehrheit (Zugriff: 21.3.2018).
55. Zitiert nach https://www.aphorismen.de/zitat/8378 (Zugriff: 21.3.2018).
56. Harris: »Sufficient grounds for optimism? The relationship between perceived controllability and optimistic bias«, in: Journal of Social and Clinical Psychology, 15 (1), S. 9–52 (1996).
57. Chapin/Coeleman: »Optimistic Bias: What you think, What you know or Whom you know?«, in: North American Journal of Psychology, 11 (1), S. 121–132 (2009).
58. Weinstein/Klein: »Unrealistic Optimism: Present and Future«, in: Journal of Social and Clinical Psychology, 15 (1), S. 1–8 (1996).
59. Elder: Trading for a Living; Psychology, Trading Tactics, Money Management, John Wiley and Sons (1993).
60. Trump während seines Nevada-Caucus-Siegs am 24.2.2016, https://www.usatoday.com/story/news/politics/onpolitics/2016/02/24/donald-trumpnevada-poorly-educated/80860078 (Zugriff: 21.3.2018).
61. Reber/Mitterndorfer: »The use of heuristics in intuitive mathematical judgment«, in: Psychonomic Bulletin & Review, 15, S. 1174–1178 (2008).
62. Reber/Schwarz: »Effects of perceptual fluency on judgments of truth«, in: Consciousness and Cognition, 8, S. 338–342 (1999).
63. Greifeneder/Alt/Bottenberg/Seele/Zelt/Wagener: »On writing legibly: Processing fluency systematically biases evaluations of handwritten material«, in: Social Psychological and Personality Science, 1, S. 230–237 (2010).
64. Lev-Ari/Keysar: »Why don't we believe non-native speakers? The influence of accent on credibility«, in: Journal of Experimental Social Psychology, 46 (6), S. 1093–1096 (2010).
65. Ebenda.
66. Rubin/Paolini/Crisp: »A processing fluency explanation of bias against migrants«, in: Journal of Experimental Social Psychology, 46 (1), S. 21–28 (2010).
67. Siehe etwa Dion/Berscheid/Walster: »What is beautiful is good«, in: Journal of Personality and Social Psychology, 2 (24), S. 285–290 (1972).
68. Landy/Sigall: »Task Evaluation as a Function of the Performers' Physical Attractiveness«, in: Journal of Personality and Social Psychology, 29 (3), S. 299–304 (1974).
69. Efran: »The Effect of Physical Appearance on the Judgment of Guilt, Interpersonal Attraction, and Severity of Recommended Punishment in Simulated Jury Task«, in: Journal of Research in Personality, 8, S. 45–54 (1974); Castellow/Wuensch/Moore: »Effects of Physical Attractiveness of the plaintiff (victim) and defendant in sexual harassment judgement«, in: Journal of Social Behavior and Personality, 5, S. 547–562 (1990).
70. Stewart: »Defendant's attractiveness as a factor in the outcome of trials«, in: Journal of Applied Social Psychology, 10 (4), S. 348–361 (1980).
71. Kulka/Kessler: »Is justice really blind? The effect of litigant physical attractiveness on judicial judgment«, in: Journal of Applied Social Psychology, 4, S. 336–381 (1978).
72. Hammermesh/Biddle: »Beauty and the labor market«, in: The American Economic Review, 84 (5), S. 1174–1194 (1994).
73. Mack/Rainey: »Female applicants' grooming and personnel selection«, in: Journal of Social Behavior and Personality, 5 (5), S. 399–407 (1990).
74. Benson/Karabenic/Lerner: »Pretty pleases: The effects of physical attractiveness, race, and sex on receiving help«, in: Journal of Experimental Social Psychology, 12 (5), S. 409–415 (1976).
75. Chaiken: »Communicator physical attractiveness and persuasion«, in: Journal of Personality and Social Psychology, 37 (8), S. 1387–1397 (1979).
76. Hildebrandt/Fitzgerald: »Adults' responses of infants varying in perceived cuteness«, in: Behavioural Processes, 3, S. 159–172 (1978).
77. Karraker/Stern: »Infant physical attractiveness and facial expression: Effects on adult perceptions«, in: Basic and Applied Social Psychology, 11, S. 371–385 (1990).
78. Milgram: »Behavioral Study of Obedience«, in: Journal of Abnormal and Social Psychology, 67, S. 371–380 (1963).
79. Hofling et al.: »An Experimental Study of Nurse Physician Relations«, in: Journal of Nervous and Mental Disease, 143, S. 171–180 (1966).
80. Kahneman/Tversky: »Advances in Prospect Theory: Cumulative Representation of Uncertainty«, in: Journal of Risk and Uncertainty, 5 (4), S. 297–323 (1992).
81. Regan: »Effects of a favor and liking on compliance«, in: Journal of Experimental Social Psychology, 7, S. 627–639 (1971).
82. Strohmetz/Rind/Fisher/Lynn: »Sweetening the Till: The Use of Candy to Increase Restaurant Tipping«, in: Journal of Applied Social Psychology, 32 (2),

S. 300–309 (2002).

83. Brehm/Weintraub: »Physical Barriers and Psychological Reactance: Twoyear-olds' Responses to Threats to Freedom«, in: Journal of Personality and Social Psychology, 35, S. 830–836 (1977).
84. Choo und McGuinness/Ward, zitiert nach Cialdini: Influence, a. a. O., S. 255.
85. Worchel/Lee/Adewole: »Effects of Supply and Demand on Ratings of Object Value«, in: Journal of Personality and Social Psychology, 13, S. 79–90 (1992).
86. Cooper/Bennett/Sukel: »Complex Scientific Testimony: How do jurors make decisions?«, in: Law and Human Behavior, 20 (4), S. 379–394 (1996).
87. Lakoff: »Language and Woman's Place«, in: Language in Society, 2 (1), S. 45–80 (1973); später ausführlicher in ihrer gleichnamigen Monografie aus dem Jahr 1975.
88. Vgl. https://de.wikipedia.org/wiki/Toastmasters (Zugriff: 26.3.2016).
89. Tversky/Kahneman: »The Framing of Decisions and the Psychology of Choice«, in: Science, 211, S. 453–458 (1981).
90. Zitiert nach http://zitate.net/thomas-alva-edison-zitate (Zugriff: 26.10.2018).
91. Zitiert nach http://www.zeit.de/1997/52/Durch_Fehler_zum_Erfolg (Zugriff:26.3.2018).
92. Carver/Scheier/Segerstorm: »Optimism«, in: Clinical Psychology Review, 30 (7), S. 879–889 (2010), mit weiteren Nachweisen und Studien zu den verschiedenen Lebensbereichen, in denen Optimismus einen positiven Effekt auf das Leben hat.
93. Patrick/Hagtvedt: »I don't versus I can't: Empowered refusal motivates goal-directed behavior«, in: Journal of Customer Research, 39 (2), S. 371–381 (2012).
94. Dazu grundlegend Lakoff/Johnson: Metaphors We Live By, University of Chicago Press (1980).
95. Thibodeau/Boroditsky: »Metaphors we think with: The role of metaphor in reasoning«, in: PLoS One, 6 (2), S. 1–11 (2011).
96. »Regierungserklärung des Bundesministers der Finanzen, Peer Steinbrück, zur Lage der Finanzmärkte vor dem Deutschen Bundestag am 25. September 2008 in Berlin«, https://www.bundesregierung.de/Content/DE/Bulletin/2008/09/97-1-bmf-bt-regerkl.html (Zugriff: 27.3.2018).
97. Schopenhauer, a. a. O., Kunstgriff 12.
98. Langer/Blank/Chanowitz: »The mindlessness of ostensibly thoughtful action: The role of ›placebic‹ information in interpersonal interaction«, in: Journal of Personality and Social Psychology, 36 (6), S. 635–642 (1978).
99. Ebenda.
100. Mehrabian/Wiener, a. a. O.; Mehrabian/Ferris, a. a. O.
101. Siehe ausführlicher die »Galileo«-Sendung vom 14.11.2016, abrufbar unterhttps://www.youtube.com/watch?v=8kBzvEbpmz8&t=201s (Zugriff: 27.3.2018).
102. Ambady/Krabbenhoft/Hogan: »The Thirty Second Sale: Using Thin Slice Judgements to evaluate Sales Effectivness«, in: Journal of Consumer Psychology, 16 (1), S. 4–13 (2006).
103. Die Theorie des thin slicing wurde populär gemacht durch den Wissenschaftsjournalisten Malcolm Gladwell in seinem Bestseller Blink! Die Macht des Moments, Campus (2005), ist der Wissenschaft aber bereits seit Anfang der 1990er bekannt.
104. Ambady/Rosenthal: »Half a minute: Predicting Teacher Evaluations From Thin Slices of Nonverbal Behavior and Physical Attractiveness«, in: Journal of Personality and Social Psychology, 64 (3), S. 431–441 (1993).
105. Prickett/Gada-Jain/Bernieri: »First impression formation in a job interview: The first 20 seconds«, präsentiert auf dem Annual Meeting of the Midwestern Psychological Association, Chicago, im Mai 2000.
106. Ambady/Rosenthal: »Thin slices of expressive behavior as predictors of interpersonal consequences: A meta-analysis«, in: Psychological Bulletin, 111 (2), S. 256–274 (1992).
107. Gern empfehle ich das Büchlein von Gerald Drews Latein für Angeber, Bassermann (2004); oder man gibt bei der Suchmaschine einfach »lateinische Sprichwörter« ein und findet eine Unzahl von Zitaten ohne jeglichen Kostenaufwand.
108. Tucholsky: Ratschläge für einen schlechten Redner, in: Gesammelte Werke in 10 Bänden, Band 8 (1930), hg. von Gerold-Tucholsky/Raddatz, Rowohlt, S. 290 ff. (1975). Zitiert nach http://gutenberg.spiegel.de/buch/panter-tiger-und-andere-1193/52 (Zugriff: 27.3.2018).
109. Siehe https://de.wikipedia.org/wiki/Liste_rhetorischer_Stilmittel (Zugriff: 27.3.2018).
110. Von dem lateinischen ignoratio (»Unkenntnis«) und dem latinisierten Genitiv des griechischen Wortes élegchos (»Beweis, Widerlegung«).
111. Eigene Übersetzung mit Auslassungen, der Sinn der Aussagen wurde beibehalten.Zitiert nach https://www.youtube.com/watch?v=TDh2iKzBh4E (Zugriff: 6.4.2018). Die ganze Antwort Ted Kennedys findest du auch auf unserer Plattform www.mediathek-der-manipulationen.de.
112. Schopenhauer, a. a. O., Letzter Kunstgriff (38).
113. So auch Schopenhauer, ebenda, Kunstgriff 6.
114. Der Zirkelschluss als Scheinargument taucht bereits bei Aristoteles in seinen Sophistischen Widerlegungen auf (a. a. O., fünftes Kapitel).
115. Siehe dazu den interessanten Ted-Talk von Maurice Conti: »The incredible

inventions of intuitive AI«, auffindbar über YouTube oder www.ted.com (Zugriff: 28.3.2018). Auch das autodidaktische Schachprogramm Alpha Zero »denkt« eigenständig und lernt aus alten Partien gegen sich selbst. Es handelt also nicht nach vorher festgelegten Algorithmen, sondern entwickelt Ideen aus eigenen Erfolgen und Fehlern – ganz so, wie Menschen es auch tun.

116. Locke: An Essay Concerning Human Understanding, Band 2, Dover Publications, S. 208 (1959).
117. So Annegret Kramp-Karrenbauer (CDU) in der Saarbrücker Zeitung vom 3.6.2015, https://www.saarbruecker-zeitung.de/politik/themen/und-danndie-forderung-nach-heirat-von-mehr-als-zwei-menschen_aid-1542981 (Zugriff: 28.3.2018).
118. Bill O'Reilly am 14.9.2006 in Westwood One's The Radio Factor with Bill O'Reilly.
119. So auch Schopenhauer, a. a. O., Kunstgriff 8 und 27.
120. Vgl. Böhm: »Angeklickt: Was Nicolas Cage mit Stolperunfällen verbindet«, in: Spiegel Online, http://www.spiegel.de/netzwelt/web/spuriouscorrelations-korrelationen-vs-kausaler-zusammenhang-a-968848.html (Zugriff: 28.3.2018).
121. Peters/Stringham: »No Booze? You May Lose: Why Drinkers Earn More Money Than Nondrinkers«, in: Journal of Labor Research, 27 (3), S. 411–421 (2006).
122. Zitiert nach Unzicker: Vom Urknall zum Durchknall, Springer, S. 132 (2010).
123. Der Klassiker ist von Huff: Wie lügt man mit Statistik, Hanser (1995). Außerdem empfehle ich insbesondere das Buch von Krämer: So lügt man mit Statistik, Campus (1997). Für Fortgeschrittene bietet Google (in englischer Sprache) ein Tool an, mit dem man leicht selber Korrelationen erstellen kann: https://www.google.com/trends/correlate (Zugriff: 28.3.2018).
124. Schopenhauer, a. a. O., Kunstgriff 35.
125. Ebenda.
126. Ebenda, Kunstgriff 2, Anmerkung 12.
127. Paragraf 7, Grundgesetz der reinen praktischen Vernunft in der Kritik der praktischen Vernunft, S. 36, zitiert nach https://de.wikiquote.org/wiki/Kategorischer_Imperativ (Zugriff: 29.3.2018).
128. Zitiert nach https://de.wikipedia.org/wiki/36_Strategeme (Zugriff: 30.3.2018).
129. Zitiert nach https://de.wikiquote.org/wiki/Niccol%C3%B2_Machiavelli (Zugriff: 30.3.2018).
130. Zitiert nach https://gutezitate.com/zitat/132907 (Zugriff: 30.3.2018).
131. Zitiert nach http://gutenberg.spiegel.de/buch/die-kunst-recht-zu-behalten-4994/1 (Zugriff: 30.3.2018).
132. Carnegie: How to win friends and influence people, zuerst veröffentlicht im Jahr 1936; die drei zitierten Ideen sind sinngemäße Übersetzungen aus Abschnitt 2: »Six ways to make people like you«.
133. Sun Tsu: Die Kunst des Krieges, Anaconda (2016).

操控與反操控：德國法律人都在使用的日常修辭邏輯與謬誤偵知法

SCHWARZE RHETORIK MANIPULIERE, BEVOR DU MANIPULIERT WIRST !

作者　賈誠柯（Wladislaw Jachtchenko）
譯者　廖芳婕
行銷企畫　劉妍伶
執行編輯　陳希林
封面設計　陳文德
版面構成　綠貝殼資訊有限公司

發行人　王榮文
出版發行　遠流出版事業股份有限公司
地址　104005 台北市中山區中山北路一段 11 號 13 樓
客服電話　02-2571-0297
傳真　02-2571-0197
郵撥　0189456-1
著作權顧問　蕭雄淋律師
2021 年 2 月 01 日　初版一刷
定價新台幣 380 元

ISBN　978-957-32-8925-8
遠流博識網 http://www.ylib.com E-mail: ylib@ylib.com
（如有缺頁或破損，請寄回更換）

Original title: Schwarze Rhetorik. Manipuliere, bevor du manipuliert wirst
by Wladislaw Jachtchenko

遠流出版公司

國家圖書館出版品預行編目（CIP）資料

操控與反操控：德國法律人都在使用的日常修辭邏輯與謬誤偵知法／賈誠柯（Wladislaw Jachtchenko）作；
廖芳婕譯 . -- 初版 . -- 臺北市：遠流出版事業股份有限公司，2021.02
320 面；14.8×21 公分
譯自 : Schwarze Rhetorik : Manipuliere, bevor du manipuliert wirst
ISBN 978-957-32-8925-8（平裝）
1. 謬誤　2. 辯證邏輯
159.5　　109019735